铁路职工劳动安全学练丛书

铁路职工消防安全
培 训 教 程

（第二版）

《铁路职工消防安全培训教程》编委会　编

中国铁道出版社有限公司

2 0 2 4 年 · 北　京

内 容 简 介

本书是为增强铁路职工消防安全意识，了解消防安全基本理论，提升现场灭火技能而编写。全书共五章，内容包括消防安全理论知识，铁路建筑和电气防火，铁路消防安全管理及应急处置，铁路消防设施、器材配置及使用，火灾逃生与救治。本书具有较强的针对性和实用性，图文并茂，便于职工学习、了解和掌握。

本书可作为铁路各单位消防安全培训教材，也可供铁路职工自学使用。

图书在版编目(CIP)数据

铁路职工消防安全培训教程/《铁路职工消防安全培训教程》编委会编．—2版．—北京：中国铁道出版社有限公司，2024.5
(铁路职工劳动安全学练丛书)
ISBN 978-7-113-31154-4

Ⅰ.①铁… Ⅱ.①铁… Ⅲ.①铁路运输-消防-安全培训-教材
Ⅳ.①U298.4

中国国家版本馆CIP数据核字(2024)第072834号

书　　名：铁路职工消防安全培训教程
作　　者：《铁路职工消防安全培训教程》编委会

策划编辑：秦绪涛
责任编辑：秦绪涛　　　　**编辑部电话：**(010)51873024
封面设计：刘　莎
责任校对：苗　丹
责任印制：樊启鹏

出版发行：中国铁道出版社有限公司(100054，北京市西城区右安门西街8号)
网　　址：http://www.tdpress.com
印　　刷：天津嘉恒印务有限公司
版　　次：2023年6月第1版　2024年5月第2版　2024年5月第1次印刷
开　　本：880 mm×1 230 mm 1/32　**印张：**7.5　**字数：**161千
书　　号：ISBN 978-7-113-31154-4
定　　价：35.00元

编　委　会

主　　编： 刘　扬

副 主 编： 闫　敏　付加磊　刘瑞鑫

编写人员： 胡玉敏　李　富　茹海波
冯倩倩　崔　冲　陈世勇
崔维甲　李　雯　胡从凯
解光周　周昊冉　杨录良
梁向文

前　言

安全是铁路永恒的主题，铁路安全是一种责任，更是一种使命。如何确保铁路职工作业中的人身安全，一方面需要铁路企业提升安全管理水平，完善相应的安全规章和制度，制定标准化作业流程，让职工作业有章可循；另一方面需要加强对职工的日常安全教育，增强职工的安全意识。安全培训是铁路职工培训工作的重要组成部分，是提高职工安全生产技能，增强职工事故预防和应急处理能力的重要手段，也是防止伤亡事故、减少职业危害的重要措施，更是强化安全生产建设，确保铁路运输安全持续稳定的基础性工作。

消防安全是铁路运输生产安全的重要组成部分。对于铁路这种从事现代化大生产的复杂的生产集体，既要求有严格的分工，又要求各个环节之间保持协调一致。如果某个环节发生火灾，小则影响到一个部门，大则影响整个运输生产正常进行。各部门、各单位、各岗位都要实行严格的生产责任制，保障铁路消防安全责任落实。铁路企业应当按照国家有关规定，结合本单位特点，建立健全各项消防安全制度和保障消防安全的操作规程，并对铁路职工进行消防安全知识应知应会教育和防火安全技能培训；组织职工开展消防知识、技能的宣传教育，组织灭火和应急疏散预案的实施和演练。职工要掌握本单位火灾风险隐患，了解单位内重点部位消防安全制度，能够根据燃烧物特性选用合适的消防设备，并掌握常用消防设施器材的配置、维修、保养和管理。

本书是在前版基础上，依据《中国国家铁路集团有限公司消防管理办法》，结合中国国家铁路集团有限公司最新发布《国铁集团动车组旅客列车消防安全管理办法》《国铁集团普速旅客列车消防安全管理办法》《国铁集团铁路客车停留存放消防安全管理办法》等规章，对相关章节进行了修订，使内容更贴合现场实际。全书共五章，内容包括消防安全理论知识，铁路建筑和电气防火，铁路消防安全管理及应急处置，铁路消防设施、器材配置及使用，火灾逃生与救治。本书具有较强的针对性和实用性，图文并茂，便于职工学习、了解和掌握。本书可作为铁路各单位消防安全培训教材，也可供铁路职工自学使用。

由于编者水平有限，书中难免存在疏漏和不足之处，恳请广大读者批评指正。

编　者

2024 年 3 月

目　　录

第一章　消防安全理论知识

第一节　火灾的定义及分类

一、火灾的定义

火灾是指在时间或空间上失去控制的燃烧所造成的灾害。在各种灾害中，火灾是最经常、最普遍地威胁公众安全和社会发展的主要灾害之一。

二、火灾的分类

火灾过程不但产生巨大的热量，而且生成气体、蒸气、固体物质和浓烟。在燃烧过程中，产生的物质有些是有毒有害的，对人体具有刺激、麻醉作用，直接威胁职工的人身安全。因此，铁路职工有必要认识火灾的类型，了解其燃烧特性，便于在面对火情时，有针对性地处置，避免因盲目采取措施引发更大的伤害。

（一）按可燃物的类型和燃烧特性划分

火灾根据可燃物的类型和燃烧特性可分为以下六类：

（1）A类火灾：指固体物质火灾。这种物质通常具有有机物质性质，一般在燃烧时能产生灼热的余烬。如木材、干草、煤炭、棉、毛、麻、纸张等火灾。

（2）B类火灾：指液体或可熔化的固体物质火灾。如煤油、柴油、原油、甲醇、乙醇、沥青、石蜡、塑料等火灾。

（3）C类火灾：指气体火灾。如煤气、天然气、甲烷、乙烷、丙烷、氢气等火灾。

（4）D类火灾：指金属火灾。如钾、钠、镁、钛、锆、锂、铝镁合金等火灾。

（5）E类火灾：指带电火灾。物体带电燃烧的火灾。

（6）F类火灾：指烹饪器具内的烹饪物（如动植物油脂）火灾。

（二）按火灾等级划分

火灾根据等级划分可以分为以下四类：

（1）特别重大火灾：指造成30人以上死亡，或者100人以上重伤，或者1亿元以上直接财产损失的火灾。

（2）重大火灾：指造成10人以上30人以下死亡，或者50人以上100人以下重伤，或者5 000万元以上1亿元以下直接财产损失的火灾。

（3）较大火灾：指造成3人以上10人以下死亡，或者10人以上50人以下重伤，或者1 000万元以上5 000万元以下直接财产损失的火灾。

（4）一般火灾：指造成3人以下死亡，或者10人以下重伤，或者1 000万元以下直接财产损失的火灾。

注：“以上”包括本数，“以下”不包括本数。

三、火灾的过程

根据火灾温度随时间的变化特点，可以将火灾发生过程分为四个阶段，即火灾初起阶段、火灾发展阶段、火灾猛烈阶段和火灾熄灭阶段。

（一）火灾初起阶段

初起火灾一般指发生火灾初期 15 min 之内的火灾，该阶段的特点是：燃烧范围不大，建筑物及其放置物品尚未燃烧，燃烧仅限于初始起火点火源附近；在燃烧区域及其附近存在高温，其他区域温度低，烟和气体流动缓慢；燃烧不大、火焰不高、辐射热不强。燃烧蔓延时间因起火源、可燃物性质和分布、通风条件等影响而差别较大。初起阶段火势发展比较缓慢，是灭火的最好时机，如及时发现，用较少的人力和简单的消防器材就能很快地将火扑灭。

（二）火灾发展阶段

随着燃烧继续，周围可燃物质或建筑构件被迅速加热，气体对流增强，燃烧速度加快，燃烧面积逐渐扩大，除室内的可燃物燃烧之外，建筑物的可燃装饰由局部燃烧迅速扩大，环境温度上升很快，当达到室内固体可燃物全表面燃烧的温度时，被高温烘烤分解、挥发出的可燃气体可能使整个空间都充满火焰，产生大量辐射热。此时灭火是较危险的，要及时正确运用灭火器材进行灭火。如果没有灭火能力，应当及时逃生并报警，大声呼救，组织疏散他人，及时向管理指挥部门汇报。

（三）火灾猛烈阶段

如果火灾在发展阶段没有得到控制，由于燃烧时间继续延长，燃烧速度不断加快，燃烧面积迅速扩大，空间内所有可燃物都在猛烈燃烧，放热量很大，温度迅速升高，并出现持续性高温，最高温度可达 1 100～1 200 ℃，气体对流达到最快速度，热辐射很强，火焰、高温烟气从建筑物的开口大量喷出，使火灾蔓延到建筑物的其他部分，遇到可燃物后，引起连环燃烧，建筑构件的承重能力急剧下降，严重时，造成建筑物局部或整体坍塌破坏。此时灭火是最危险的，要抓紧时机，组织灭火力量，正确运用灭火原理，有效控制火势，并注意自我保护。此时的浓烟、毒气和热气，几秒内（几口）可使人窒息昏厥倒地。此时，首先应选择正确逃生通道，逃生为主，并及时报警。火灾猛烈燃烧阶段的持续时间长短取决于空间内可燃烧物的性质和数量，以及通风条件等因素。

（四）火灾熄灭阶段

在火灾燃烧猛烈阶段后期，随着空间内可燃物数量的不断减少，火灾燃烧速度递减，温度逐渐下降，火灾进入熄灭阶段。随后，空间温度下降明显，直到把空间内的全部可燃物烧尽，逐步恢复正常温度。该阶段前期，燃烧仍然比较猛烈，火灾温度仍很高。该阶段应注意防止建筑构件因较长时间受高温作用和灭火射水的冷却作用而出现裂缝、下沉、倾斜或坍塌破坏，确保消防人员的人身安全，并应注意防止火灾向相邻建筑物蔓延。

在对大量火灾事件统计分析发现，多数火灾从明火发生，到火情发现报警，再到消防人员赶到进行扑救，大多时间都在 30 min 之后，此时多数火灾已完成初起阶段、发展阶段，进入猛烈燃烧阶段，有些火灾甚至已发展到熄灭阶段，火灾已经造成了损失和伤害。有些易燃品火灾事故，火灾从初起阶段直接发展到猛烈燃烧阶段，几乎没有足够的逃生时间和扑救时机。火灾事故统计显示，建筑物起火的 5～7 min 内是灭火的最好时机，超过这个时间，就要设法逃离火灾现场。

第二节　燃烧基本原理

一、燃烧的定义

燃烧是可燃物与氧化剂作用发生的放热反应，通常伴有火焰、发光和（或）发烟的现象。燃烧的本质是物质之间发生的剧烈的化学反应。

二、燃烧的条件

物质燃烧过程的发生和发展，必须具备三个物质必要条件，即：可燃物（着火源）、氧化剂（助燃剂）和温度（引火源）。只有这三个条件同时具备，才可能发生燃烧现象，无论缺少哪一个条件，燃烧都不能发生。

（一）可燃物（着火源）

凡是能与空气中的氧或者其他氧化剂起燃烧化学反应的物质均称为可燃物。可燃物按其状态分为气体可燃物、液体可燃物和固体可燃物。可燃物大多是含碳和氢的化合物，某些金属如镁、铝等在某些条件下也可以燃烧。铁路火灾中的可燃物有可燃货物、行李包裹、车厢可燃构件、动力燃料等。

（二）氧化剂（助燃剂）

帮助和支持可燃物燃烧的物质，即能与可燃物发生氧化反应的物质，称为氧化剂。燃烧过程中的氧化剂主要是空气中游离的氧，此外如氟、氯等也可以作为燃烧反应的氧化剂。

（三）温度（引火源）

温度是指供给可燃物与氧或助燃剂发生燃烧反应的能量来源，常见的是热能（包括化学能、电能、机械能等转化的热能）。铁路火灾中的引火源种类较多，如接触网及受电弓产生的电火花；车体电气设备所产生的高热或电火花；铸铁闸瓦制动时与车轮摩擦产生的火星束；货物振动摩擦产生的热量；货物包裹中夹带的外来火种；易燃易爆危险品的自燃；烟囱、烟蒂等外来火源；人为放火；押运人员和扒乘人员用火等。

可燃物、氧化剂和温度的客观存在是燃烧的必备条件，三要素的相互作用是燃烧的充分条件。三要素之间有着错综复杂的关系。铁路仓库是中转仓库，其中可燃货物的种类和数量具有不确定性，燃烧的难易程度和猛烈程度也是变量。空气需要量也是燃烧反应的基本参数，列车的高速运动状态、普通客车通风口的通风换气功能、空调客车的空气调节功能都能使空气参数改变，从而改变氧气的供给，影响燃烧反应。铁路货物种类、数量的不确定性和列车的高速运动状态，也势必容易产生随机因素，从而使引火源更加复杂多变且始料不及、难以控制。三者之间的动态关系直接影响着铁路火灾的性状。

三、燃烧的产物

由于燃烧而生成的气体、液体和固体物质，叫作燃烧产物。它有完全燃烧产物和不完全燃烧产物之分。如果燃烧过程中生成的产物不能再燃烧，就称为完全燃烧，其产物称为完全燃烧产物；如果燃烧产物还可以继续燃烧，这个燃烧过程就称为不完全燃烧，其产物称为不完全燃烧产物。

燃烧产物主要以气态形式存在，其成分主要取决于可燃物的组成和燃烧条件。建筑火灾中常见的可燃物及其燃烧产物见表 1-1。

表 1-1　建筑火灾中常见的可燃物及其燃烧产物

可燃物	燃烧产物
所有含碳类可燃物	CO、CO_2
聚氨酯、硝化纤维等	NO、NO_2
硫及含硫类可燃物	SO_2、S_2O_3
橡胶、二硫化碳等	H_2S、SO_2、S_2O_3
磷类物质	P_2O_5、PH_3
聚氯乙烯、氟塑料等	HF、HCl、Cl_2
尼龙、三聚腈、氨塑料等	NH_3、HCN
聚乙烯、聚丙烯、聚苯乙烯	CO、CO_2

在燃烧产物中，散发于空气中能被人们看到的燃烧产物称为烟，它是由燃烧或热解作用所产生的悬浮于大气中的产物。烟的主要成分是一些极小的炭黑粒子，大直径的粒子容易由烟中落下来成为烟尘或炭黑。

在火场中，燃烧产物具有极大的毒害作用，主要体现在以下两方面：

（1）缺氧、窒息作用。

在火灾现场，由于可燃物燃烧消耗空气中的氧气，使空气中氧的含量大大低于人类生理正常所需要的数值，从而对人体造成危害。

二氧化碳（CO_2）是许多可燃物燃烧的主要产物，属于完全燃烧产物，是无色不可燃气体。在空气中，二氧化碳含量过高会刺激呼吸系统，引起呼吸加快，从而产生窒息作用。

（2）毒性、刺激性及腐蚀性作用。

燃烧产物中含有多种毒性和刺激性气体，在着火的房间等场所，这些气体的含量极易超过人类生理正常所允许的最低浓度，造成中毒或刺激性危害。另外，有的产物本身或其水溶液具有较强的腐蚀性作用，会造成人体组织坏死或化学灼伤等危害。这类的燃烧产物主要有一氧化碳（CO）、二氧化硫（SO_2）、氯化氢（HCl）、硫化氢（H_2S）等。

四、燃烧的类型

燃烧按燃烧物形态分为气体燃烧、液体燃烧和固体燃烧。

（一）气体燃烧

气体燃烧是最基本的燃烧方式，工业上的乙炔焊割火焰、民用中的煤气灶火焰、天然气井的井喷火焰、可燃气体管线或容器泄漏口形成的喷流火焰、煤气或汽油蒸气散发到空气中形成爆炸性混合气体后发生的爆炸等，都属于气体燃烧反应。气体燃烧的特点是所需热量仅用于氧化或分解，或将气体加热到燃点，因此容易燃烧且燃烧速度快。

1. 爆炸浓度极限

如果把气态可燃物与空气（或纯氧气）相混合，当混合气体中气态可燃物的浓度处于一定浓度范围时，一旦遇到引火源，混合气体就会被点燃而发生爆炸或燃烧，这时的浓度范围称为爆炸浓度极限。浓度范围中的最低浓度称为爆炸浓度下限，浓度范围中的最高浓度称为爆炸浓度上限。浓度单位一般用体积百分比（%）表示，也可用“g/m^3”或“mg/L”表示。部分可燃气体、液体蒸气在空气中的爆炸浓度极限见表1-2。

表1-2　部分可燃气体、液体蒸气在空气中的爆炸浓度极限

气体名称	爆炸浓度极限（%）		气体名称	爆炸浓度极限（%）	
	下限	上限		下限	上限
甲烷	5.0	15.0	苯	1.2	7.8
乙烯	2.7	36.0	乙醇	3.3	19.0
乙炔	2.5	82.0	乙醚	1.9	48.0
氢	4.0	75.0	丙酮	2.6	12.8
氨	15.7	27.4	二硫化碳	1.3	50.0
一氧化碳	12.5	74.0	硫化氢	4.3	45.5

当可燃混合气体中可燃气体的浓度低于爆炸浓度下限时，因可燃物的浓度过低，遇引火源不会爆炸。在可燃气体浓度介于爆炸浓度下限和上限之间时，混合气体中的可燃物与助燃物的比例能够满足燃烧反应的需要，所以，遇引火源便会爆炸。当可燃气体的浓度超过爆炸浓度上限时，因助燃物的浓度过低，遇引火源不发生爆炸，但是这种浓度的混合气体若从容器中扩散或喷射到空气中时，再遇引火源便会因补充了新鲜空气而发生燃烧。

2. 扩散燃烧

盛装气态可燃物的容器或输送气态可燃物的管道如果在室外或较大空间内发生泄漏时，首先会形成过浓（超过爆炸上限）的可燃混合气体。由于扩散作用和风力的搅动混合作用，会使混合气体适合于化学反应。由于形成的是过浓混合气体，其边缘遇引火源便会发生扩散燃烧，火焰锋面会沿着混合物快速蔓延，首先烧完泄漏在空间中的气态可燃混合物，在泄漏口处形成稳定的扩散火焰。

若长管中充满着均匀的可燃混合气体，用电火花或其他火源点燃其局部时，该局部就会着火并形成火焰，火焰产生的热量会由于导热作用而输送给火焰周围的冷混气层，使冷混气层温度升高，化学反应加速，并形成新的火焰。这样使一层一层的新鲜混合气体依次着火，也就是化学反应区开始由引燃的地方向未燃混合气体传播，使已燃区和未燃区之间形成明显的分界线，这层薄薄的化学反应区就称为火焰锋面。

3. 预混燃烧

预混燃烧是一种燃烧方式，其中燃料和空气（或氧气）预先混合成均匀的混合气，这种可燃混合气称为预混合气。预混燃烧通常发生在封闭体系中或混合气体向周围扩散的速度远小于燃烧速度的敞开体系中。

在预混燃烧过程中，燃烧放热造成产物体积迅速膨胀，压力升高。预混燃烧的燃烧反应快、温度高、火焰传播速度快，反应混合气体不扩散，在可燃混合气体中引入一火源即产生一个火焰中心，成为热量与化学活性粒子集中源。

预混燃烧可以分为部分预混式燃烧和完全预混式燃烧，部分预混式燃烧是指燃料与空气（或氧气）的混合程度低于完全预混式燃烧，而完全预混式燃烧是指燃料与空气（或氧气）的混合程度达到完全混合。

此外，预混燃烧还可能导致一些安全问题，如在可燃混合气体中引入一火源即产生一个火焰中心，成为热量与化学活性粒子集中源，如果预混气体从管口喷发出就形成动力燃烧，若流速大于燃烧速度，则在管口形成稳定的燃烧火焰，由于燃烧充分，燃烧速度快，燃烧区呈高温的白炽状态。若可燃混合气体在管口的流速小于燃烧速度，则会发生“回火”，即燃烧向管道内部移动。

（二）液体燃烧

油品、醇类等可燃液体被广泛应用于生产生活的各个行业和领域，且具有易挥发、易流失、易燃烧、易爆炸等特性。因此，掌握液体燃烧机理、防止其起火成灾具有十分重要的意义。

1. 液体的闪燃

液态可燃物的燃烧不是液体本身在燃烧，而是液体蒸发出来的蒸气在燃烧。

在一定的温度下，可燃性液体液面上产生的蒸气与空气混合物恰好等于爆炸下限浓度，若有引火源点燃就会发生一闪即灭的燃烧，这种现象称为闪燃。

液体发生闪燃的原因是液体温度较低，蒸发速度较慢，蒸发出的蒸气仅能维持一瞬间的燃烧，来不及补充新的蒸气保证持续不断的燃烧。

虽然闪燃现象是一种一闪即灭的燃烧现象，但闪燃是液体发生火灾的危险信号。因此，闪点是衡量可燃液体火灾危险的一个重要参数，是在规定的试验条件下，发生闪燃的最低温度。

根据国家标准规定，将生产、储存的火灾危险性分为甲、乙、丙、丁、戊五类，针对能够燃烧的液体而言分为甲、乙、丙三类。

甲类：闪点小于28 ℃的液体，如汽油、苯、乙醇等。

乙类：闪点等于或大于28 ℃但小于60 ℃的液体，如煤油、松节油等。

丙类：闪点等于或大于60 ℃的液体，如柴油、润滑油等。

闪点也是配置灭火剂供给强度的依据。灭火剂供给强度，是指可燃液体每单位面积（m^2）在单位时间内（s）供给灭火剂的数量。通常闪点越低，灭火剂供给强度越大。

2. 液体的着火和受热自燃

（1）液体的着火

可燃液体的温度被加热到超过闪点时，蒸发速度加快。当蒸发速度等于燃烧速度时，蒸气与空气组成的混合气体遇引火源发生燃烧以后，由于蒸气能源源不断地补充，使燃烧能够持续进行下去。

液体发生连续燃烧的现象称为着火。发生着火的最低温度称为燃点。一切可燃液体的燃点都高于其闪点。一般规律是：易燃液体的燃点比闪点高1～5 ℃，而且液体的闪点越低，燃点与闪点之差就越小。例如，汽油、二硫化碳、丙酮等闪点小于0 ℃的液体，它们的燃点和闪点之差仅有1 ℃左右。闪点在100 ℃以上的液体，燃点比闪点高出30 ℃甚至更高。

（2）液体的受热自燃

可燃液体达到闪点、燃点温度时，如果不用明火去引燃，它是不会发生闪燃或着火的。若继续对液体加热，当液体温度达到一定值以后，即使没有引火源，液体也会发生着火。液体在没有外部引火源的作用下因受热而发生的燃烧称为液体的受热自燃。发生液体受热自燃的最低温度称为自燃点。可燃物质的自燃点越低，发生火灾的危险性就越大。

3. 沸溢式燃烧和喷溅式燃烧

可燃液体的蒸气与空气在液体表面上边混合边燃烧，燃烧放出的热量向液体内部传播。由于液体特性不同，热量在液体中的传播具有不同特点，在一定条件下，热量在液体（原油或重质油品）中的传播会形成热波，并引起液体的沸溢和喷溅，使火灾变得更加猛烈。

（1）热波特性

沸程较宽的混合液体，主要是一些重质油品，如原油、渣油、蜡油、沥青油、润滑油等，由于没有固定的沸点，在燃烧过程中，火焰向液面传递的热量首先使低沸点组分蒸发并进入燃烧区燃烧，而沸点较高的重质部分，则携带在表面接受的热量向液体深层沉降，形成一个热的锋面向液体深层传播，逐渐渗入并加热冷的液层。这一现象称为液体的热波特性，热的锋面称为热波。

（2）沸溢和喷溅

含有水分、黏度较大的重质石油产品，如原油、重油、沥青油等，发生燃烧时有可能产生沸溢和喷溅。

原油中的水一般以乳化水和水垫层两种形式存在。乳化水是原油在开采运输过程中，原油中的水由于强力搅拌成细小的水珠悬浮于油中而成。放置久后，油水分离，水因密度大而沉降在底部形成水垫层。

热波向液体深层运动时，由于热波温度远高于水的沸点，因而热波会使油品中的乳化水汽化，大量的蒸气就要穿过油层向液面溢去，在向上移动的过程中形成“油包气”的气泡，即油的一部分形成了含有大量蒸气气泡的泡沫，必然使液体体积膨胀，向外溢出，这种现象称为沸溢（图 1-1）。

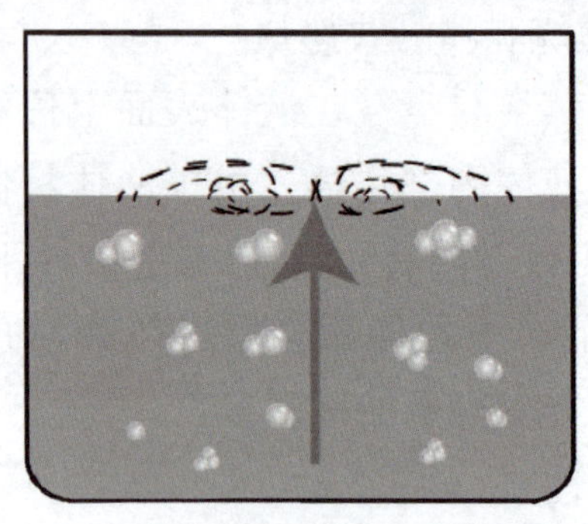

图 1-1　液体沸溢

随着燃烧的进行，热波的温度逐渐升高，热波向下传递的距离也越来越大，当热波达到水垫层时，水垫层的水大量蒸发，蒸气体积迅速膨胀，以至把水垫层上面的液体层抛向空中，向外喷射，这种现象称为喷溅（图 1-2）。

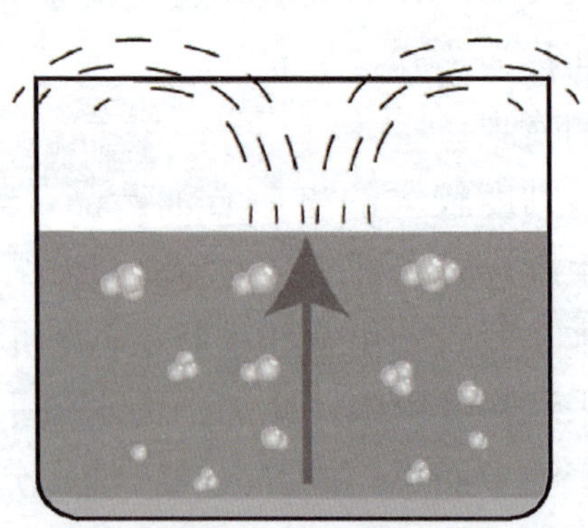

图 1-2　液体喷溅

（三）固体燃烧

固体燃烧物种类繁多，燃烧方式和特性也多种多样。由于固体是最普遍使用的物质，因此，掌握固体燃烧的机理并实施有效的控制，是生产生活中重要的防火措施。

1. 固体燃烧形式

固体燃烧形式分为以下五类：

（1）蒸发式燃烧。磷、钾、钠及蜡、沥青等固体可燃物，对其加热时首先熔化成液体，然后变成蒸气，蒸气与空气中的氧反应进行燃烧。

（2）热分解式燃烧。木材、棉花、煤、塑料等固体可燃物，对其加热时固体内部会发生热分解反应，放出可燃气体和非可燃气体，可燃气体与空气中的氧反应进行燃烧。

（3）熏烟燃烧（阴燃）。可燃固体在空气不流通、加热温度较低、含水分较多等条件下，通常发生只冒烟而无火焰的燃烧现象，即是熏烟燃烧。易发生阴燃的物质，如成捆堆放的纸张、棉、麻，以及大堆垛的煤、草、湿木材等。

（4）固体表面燃烧。木炭、焦炭等固体可燃物，不是通过熔融蒸发、热分解成为气体，而是直接与空气中的氧反应进行燃烧。

（5）动力燃烧（爆炸）。动力燃烧（爆炸）是指可燃固体或其分解析出的可燃性挥发分遇引火源所发生的爆炸式燃烧。

2. 固体的热分解

大量的可燃固体都属于热分解式燃烧。固体的热分解首先是受热的表面开始分解，放出挥发性可燃气体，并在表面形成很薄的碳化层。由于碳化层是比较疏松的多孔性结构，可以使气体通过，故靠近碳化层的那部分固体随着继续受热而进一步分解出可燃气体，通过碳化层逸出。在分解的过程中又形成新的碳化层，使整个碳化层逐渐加厚，直至最后整个固体全部碳化。固体的热分解包括两部分内容：一是受热分解出可燃气体；二是形成疏松多孔的碳化层结构。例如，木材的主要成分是碳、氢、氧等元素，其受热分解时放出大量的二氧化碳、一氧化碳等碳氧化合物气体。

3. 金属的燃烧

熔点、沸点比较低且易熔融、蒸发的金属称为挥发金属，如锂、钠、钾、镁等。其燃烧时表面的氧化物是固体形态，金属蒸气从疏松的氧化物中析出发生燃烧反应，放出大量的热。

熔点、沸点比较高且不易熔融、蒸发的金属称为不挥发金属，如铝、钛、锆等。其燃烧时表面上形成一层液体氧化物，阻碍了金属蒸气的析出，从而减缓了金属的氧化燃烧反应。但这类金属在粉末状、刨花状时也能猛烈燃烧。

4. 高聚物的燃烧

三大合成材料橡胶、塑料及合成纤维都是由高分子化合物制成，统称高聚物。

高聚物燃烧时发热量大、温度高、热辐射强。高聚物燃烧会产生二氧化碳、一氧化碳、氧化氮、氯化氢、氟化氢、氰化氢、二氧化硫和光气等一系列有害气体，对消防扑救人员和火灾现场的人民群众的生命安全构成极大的威胁。燃烧时发烟量比较大，会妨碍人的视野，从而给扑救和人员的逃生带来困难。

高聚物在火灾的高温下发生熔化，形成熔滴，燃着的熔滴能把火焰从一个区域扩展到另一个区域，从而使火势蔓延发展。

5. 可燃粉尘的爆炸

粉尘是指呈分散状态的固体物质。可燃粉尘爆炸现象使可燃粉尘比原来大块固体具有更大的火灾危险性及危害性。

（1）可燃粉尘爆炸条件

①粉尘本身具有可燃性或者爆炸性；

②粉尘必须悬浮在空气中并与空气或氧气混合达到爆炸极限；

③有足以引起粉尘爆炸的热能源，即引火源；

④粉尘具有一定扩散性；

⑤粉尘处于相对密封空间。

（2）可燃粉尘爆炸过程

可燃粉尘的爆炸可视为由以下三步发展形成：

第一步，悬浮的粉尘在热源作用下迅速地干馏或气化而产生出可燃气体。

第二步，可燃气体与空气混合而燃烧。

第三步，粉尘燃烧放出的热量，以热传导和火焰辐射的方式传给附近悬浮的或被吹扬起来的粉尘，这些粉尘受热气化后使燃烧循环地进行下去。随着每个循环的逐次进行，其反应速度逐渐加快，通过剧烈的燃烧，最后形成爆炸。这种爆炸反应及爆炸火焰速度、爆炸波速度、爆炸压力等将持续加快和升高，并呈跳跃式的发展。

第三节　灭火机理和灭火剂

一、灭火机理

物质燃烧需具备一定的条件，即同时存在可燃物、助燃剂、引火源。这三要素缺少任何一个，燃烧便不能发生。灭火的基本原理就是在发生火灾后，通过采取一定的措施，把维持燃烧所必须具备的条件之一破坏，燃烧就不能继续进行，火就会熄灭。因此，采取降低着火系统温度、断绝可燃物、稀释空气中氧浓度、抑制着火区内的连锁反应等措施，都可以达到灭火的目的。由此归纳出四种灭火基本原理。

（一）冷却灭火

冷却灭火主要是通过喷水或使用其他有冷却作用的灭火剂进行灭火。由于可燃物质着火必须具备一定的温度和足够的热量，灭火时，将具有冷却降温和吸热作用的灭火剂直接喷射到燃烧物体上，以降低燃烧物质的温度。当其温度降到燃烧所需最低温度以下时，火即可熄灭。也可将水喷洒在火源附近的可燃物质上，使其温度降低，防止将火源附近的可燃物质烤着起火。

冷却灭火方法是灭火的常用方法，主要用水来冷却降温。一般物质如木材、纸张、棉花、布匹、家具等起火，都可以用水来冷却灭火。

（二）窒息灭火

窒息灭火就是阻止空气进入燃烧区，不让火接触到空气，让氧气与燃烧物隔绝使火熄灭。根据着火时需要大量空气这一条件，灭火时可采用捂盖的方式，使空气不能进入燃烧区或进入很少。窒息灭火包括以下常用方法：

（1）向燃烧区充入大量的氮气、二氧化碳等不助燃的惰性气体，减少空气量。

（2）封堵建筑物的门窗，燃烧区的氧一旦被耗尽，又不能补充新鲜空气，火就会自行熄灭。

（3）用石棉毯、湿棉被、湿麻袋、砂土等不燃烧或难燃烧的物品覆盖在燃烧物体上，以隔绝空气使火熄灭。

（三）隔离灭火

隔离灭火就是将燃烧物与附近有可能被引燃的可燃物分隔开，燃烧就会因缺少可燃物而熄灭，这也是一种常用的灭火方法。隔离灭火包括以下常用方法：

（1）灭火时迅速将着火部位周围的可燃物移到安全地方。

（2）将着火物移到没有可燃物质的地方。

（3）关闭可燃气体、液体管道的阀门，减少和中止可燃物质进入燃烧区域。

（4）拆除与火源相毗连的易燃建筑，形成阻止火势蔓延的空间地带。

（四）抑制灭火

抑制灭火是将化学灭火药剂喷入燃烧区，使之参与燃烧的化学反应，使燃烧过程中产生的游离基消失，而形成稳定分子或低活性游离基，进而使燃烧反应停止。抑制灭火一般用于扑救计算机等精密仪器设备、家用电器、档案资料和各种可燃气体火灾。但灭火后要采取降温措施，防止发生复燃。

二、灭火剂

凡是能够有效地破坏燃烧条件，使燃烧中止的物质，统称为灭火剂。简言之，灭火剂就是可以用来灭火的物质。

（一）水

水是自然界中分布最广、最廉价的灭火剂，由于水具有较高的比热和潜化热，因此在灭火中其冷却作用十分明显，其灭火机理主要依靠冷却和窒息作用进行灭火。

1. 水的灭火作用

（1）冷却作用。当水与炽热的燃烧物接触时，在被加热和汽化过程中，就会大量吸收燃烧物的热量。

（2）对氧的稀释作用。水遇炽热的燃烧物而汽化，产生的水蒸气将排挤和阻止空气进入燃烧区，从而降低燃烧区内氧气的含量。

（3）对水溶性可燃液体的稀释作用。水与水溶性可燃液体混合后，可降低可燃液体的浓度和燃烧区内可燃蒸气的浓度，使燃烧强度减弱。当水溶性可燃液体的浓度降到可燃浓度以下时，燃烧即可停止。

（4）水力冲击作用。直流水枪喷射出的密集水流，可以冲断火焰，使之熄灭。

2. 不宜用水灭火情况

水在扑救火灾中有着广泛的应用。但是，水不宜用于扑救下列情况的火灾：

（1）不能用水扑救遇水燃烧物质的火灾。

（2）在没有良好的接地设备或没有切断电源的情况下，一般不能用直流水扑救高压电气设备火灾。

（3）储存大量浓硫酸、浓硝酸、盐酸等场所发生火灾时不能用直流水扑救。

（4）轻于水且不溶于水的可燃液体火灾不能用直流水扑救。

（5）熔化的铁水、钢水引起的火灾，在铁水、钢水未冷却时不能用水扑救。

（二）泡沫灭火剂

凡能够与水混溶，并可通过化学反应或机械方法产生灭火泡沫的灭火药剂，称为泡沫灭火剂。

1. 泡沫的分类

泡沫灭火剂按照泡沫的生成机理，可以分为化学泡沫灭火剂和空气泡沫灭火剂两大类。化学泡沫是通过两种药剂的水溶液发生化学反应产生的，泡沫中所包含的气体为二氧化碳。空气泡沫是通过空气泡沫灭火剂的水溶液与空气在泡沫产生器中进行机械混合搅拌而生成的，所以空气泡沫又称为机械泡沫，泡沫中所包含的气体一般为空气。空气泡沫灭火剂又可按其发泡倍数分为低倍数泡沫灭火剂、中倍数泡沫灭火剂和高倍数泡沫灭火剂三类。低倍数泡沫灭火剂又可分为蛋白泡沫灭火剂、氟蛋白泡沫灭火剂、水成膜泡沫灭火剂、抗溶性泡沫灭火剂和合成泡沫灭火剂五种类型。

2. 泡沫的灭火作用

泡沫是一种体积较小，表面被液体包围的气泡群。由于泡沫的密度远远小于一般可燃液体的密度，因而可以漂浮于液体的表面，形成泡沫覆盖层。同时，泡沫又具有一定的黏性，可以粘附于一般可燃固体的表面。

泡沫的主要灭火作用包括：

（1）泡沫在燃烧物表面形成的泡沫覆盖层，可使燃烧物表面与空气隔离。

（2）泡沫层封闭了燃烧物表面，可以遮断火焰对燃烧物的热辐射，阻止燃烧物的蒸发或热分解挥发。

（3）泡沫析出的液体对燃烧表面有冷却作用。

（4）泡沫受热蒸发产生的水蒸气有稀释燃烧区内氧气浓度的作用。

3. 泡沫的灭火应用

（1）化学泡沫、蛋白泡沫、氟蛋白泡沫、水成膜泡沫和中低倍数合成泡沫适用于扑救非水溶性可燃液体火灾和一般固体物质火灾。

（2）抗溶性泡沫适用于扑救甲醇、乙醇、丙酮、醋酸乙酯等一般水溶性可燃液体的火灾。

（3）高倍数泡沫适用于扑救船舶舱室、地下室、地下建筑、煤矿坑道等有限空间的火灾。

（4）泡沫不适用于扑救电气设备火灾、遇水能发生燃烧爆炸物质的火灾。

（三）干粉灭火剂

干粉灭火剂是一种干燥的、易于流动的固体粉末，以粉雾的形式扑灭火灾。

1. 干粉的用途及分类

干粉灭火剂按其用途可分为普通干粉和多用干粉两大类。

（1）普通干粉。普通干粉主要用于扑救可燃液体火灾、可燃气体火灾及带电设备的火灾。普通干粉的主要品种有：以碳酸氢钠为基料的碳酸氢钠干粉；以碳酸氢钾为基料的紫钾盐干粉；以氯化钾为基料的钾盐干粉；以硫酸钾为基料的钾盐干粉；以尿素与碳酸氢钾（或碳酸氢钠）反应物为基料的氨基干粉。

（2）多用干粉。多用干粉不仅适用于扑救可燃液体、可燃气体和带电设备的火灾，而且适用于扑救一般固体物质火灾。多用干粉的主要品种有：以磷酸盐（如磷酸二氢铵、磷酸氢二铵、磷酸铵等）为基料的干粉；以硫酸铵与磷酸铵盐的混合物为基料的干粉；以聚磷酸铵为基料的干粉。

2. 干粉的灭火作用

干粉与火焰接触时，粉粒与火焰中的自由原子接触而把它们瞬时吸附到自己表面，从而中断燃烧的链式反应，使火焰熄灭。

使用干粉灭火时，浓雾般的粉雾包围火焰，从而减少火焰对可燃物的热辐射；粉末受高温作用，将放出结晶水或发生分解，不仅吸收部分热量，而且分解生成的不活泼气体又稀释了燃烧区内氧气的浓度。

（四）二氧化碳灭火剂

二氧化碳是一种不燃烧、不助燃的惰性气体，在自然界中广泛存在。

1. 二氧化碳的灭火作用

二氧化碳气体在燃烧区内排挤空气，并阻止空气进入燃烧区，从而使燃烧区内的氧含量降低。

二氧化碳从钢瓶中释放出来由液体迅速膨胀为气体（二氧化碳吸热受阻，有时会降低自身温度成为固体干冰）时，需要从火焰和周围环境吸热，因而具有一定的冷却作用。

2. 二氧化碳的灭火应用

（1）二氧化碳适用于扑救下列场所的火灾：

①可燃油油浸电力变压器室、多油开关室、发电机房等。

②通信机房、大中型电子计算机房、精密仪器间、贵重设备室等。

③图书馆、档案库、文物资料室等。

（2）二氧化碳不适用于扑救下列物质的火灾：

①自己能供氧的物质的火灾，如硝酸纤维、火药等。

②活泼金属及其氢化物的火灾，如钾、钠、锂、氢化钾、氢化钠等。

③纤维内部的阴燃火灾。

第四节　常见消防安全标志

消防安全标志（简称标志）由几何形状、安全色、表示特定消防安全信息的图形符号构成。标志的几何形状、安全色及对比色、图形符号色的含义见表1-3。

表1-3　标志的几何形状、安全色及对比色、图形符号色的含义

几何形状	安全色	安全色的对比色	图形符号色	含　义
正方形	红色	白色	白色	标示消防设施（如火灾报警装置和灭火设备）
正方形	绿色	白色	白色	提示安全状况（如紧急疏散逃生）
带斜杠的圆形	红色	白色	黑色	表示禁止
等边三角形	黄色	黑色	黑色	表示警告

标志根据其功能分为六类，即火灾报警装置标志、紧急疏散逃生标志、灭火相关设备标志、禁止和警告标志、方向辅助标志、文字辅助标志。

一、火灾报警装置标志

1. 消防按钮标志

消防按钮标志标示火灾报警按钮和消防设备启动按钮的位置，如图 1-3 所示。

图 1-3 消防按钮标志

2. 发声警报器标志

发声警报器标志标示发声警报器的位置，如图 1-4 所示。

图 1-4 发声警报器标志

3. 火警电话标志

火警电话标志标示火警电话的位置和号码，如图 1-5 所示。

图 1-5　火警电话标志

4. 消防电话标志

消防电话标志标示火灾报警系统中消防电话及插孔的位置，如图 1-6 所示。

图 1-6　消防电话标志

二、紧急疏散逃生标志

1. 安全出口标志

安全出口标志提示通往安全场所的疏散出口。根据到达出口的方向，可选用向左或向右的标志，如图 1-7 所示。

图 1-7　安全出口标志

2. 滑动开门标志

滑动开门标志提示滑动门的位置及方向，如图 1-8 所示。

图 1-8　滑动开门标志

3. 推开标志

推开标志提示门的推开方向，如图 1-9 所示。

图 1-9　推开标志

4. 拉开标志

拉开标志提示门的拉开方向，如图 1-10 所示。

图 1-10　拉开标志

5. 击碎板面标志

击碎板面标志提示需击碎板面才能取到钥匙、工具，操作应急设备或开启紧急逃生出口，如图 1-11 所示。

图 1-11　击碎板面标志

6. 逃生梯标志

逃生梯标志提示固定安装的逃生梯的位置，如图 1-12 所示。

图 1-12　逃生梯标志

三、灭火相关设备标志

1. 灭火设备标志

灭火设备标志提示灭火设备集中摆放的位置，如图 1-13 所示。

图 1-13　灭火设备标志

2. 手提式灭火器标志

手提式灭火器标志标示手提式灭火器的位置，如图 1-14 所示。

图 1-14　手提式灭火器标志

3. 推车式灭火器标志

推车式灭火器标志标示推车式灭火器的位置，如图 1-15 所示。

图 1-15　推车式灭火器标志

4. 消防炮标志

消防炮标志标示消防炮的位置，如图 1-16 所示。

图 1-16　消防炮标志

5. 消防软管卷盘标志

消防软管卷盘标志标示消防软管卷盘、灭火栓箱、消防水带的位置，如图 1-17 所示。

图 1-17　消防软管卷盘标志

6. 地下消火栓标志

地下消火栓标志标示地下消火栓的位置，如图 1-18 所示。

图 1-18　地下消火栓标志

7. 地上消火栓标志

地上消火栓标志标示地上消火栓的位置，如图 1-19 所示。

图 1-19 地上消火栓标志

8. 消防水泵接合器标志

消防水泵接合器标志标示消防水泵接合器的位置，如图 1-20 所示。

图 1-20 消防水泵接合器标志

四、禁止和警告标志

1. 禁止吸烟标志

禁止吸烟标志表示禁止吸烟，如图 1-21 所示。

图 1-21　禁止吸烟标志

2. 禁止烟火标志

禁止烟火标志表示禁止吸烟或各种形式的明火，如图 1-22 所示。

图 1-22　禁止烟火标志

3. 禁止放易燃物标志

禁止放易燃物标志表示禁止存放易燃物，如图 1-23 所示。

图 1-23　禁止放易燃物标志

4. 禁止燃放鞭炮标志

禁止燃放鞭炮标志表示禁止燃放鞭炮或焰火，如图 1-24 所示。

图 1-24　禁止燃放鞭炮标志

5. 禁止用水灭火标志

禁止用水灭火标志表示禁止用水作灭火剂或用水灭火，如图 1-25 所示。

图 1-25　禁止用水灭火标志

6. 禁止阻塞标志

禁止阻塞标志表示禁止阻塞的指定区域（如疏散通道），如图 1-26 所示。

图 1-26　禁止阻塞标志

7. 禁止锁闭标志

禁止锁闭标志表示禁止锁闭的指定部位（如疏散通道和安全出口的门），如图 1-27 所示。

图 1-27　禁止锁闭标志

8. 当心易燃物标志

当心易燃物标志警示来自易燃物质的危险，如图 1-28 所示。

图 1-28　当心易燃物标志

9. 当心氧化物标志

当心氧化物标志警示来自氧化物的危险，如图 1-29 所示。

图 1-29　当心氧化物标志

10. 当心爆炸物标志

当心爆炸物标志警示来自爆炸物的危险，在爆炸物附近或处置爆炸物时应当心，如图 1-30 所示。

图 1-30　当心爆炸物标志

五、方向辅助标志

1. 疏散方向标志

疏散方向标志指示安全出口的方向，如图 1-31 所示，箭头的方向还可以分为上、下、左上、右上、右、右下等。

图 1-31　疏散方向标志

2. 火灾报警装置或灭火设备的方位标志

火灾报警装置或灭火设备的方位标志指示火灾报警装置或灭火设备的方位，如图 1-32 所示，箭头的方向还可以分为上、下、左上、右上、右、右下等。

图 1-32　火灾报警装置或灭火设备的方位标志

六、文字辅助标志

标志的名称可作为文字辅助标志，标志、方向辅助标志与文字辅助标志组合使用，安全出口文字辅助标志如图 1-33 所示，消防按钮文字辅助标志如图 1-34 所示。

图 1-33　安全出口文字辅助标志

图 1-34　消防按钮文字辅助标志

第二章　铁路建筑和电气防火

第一节　铁路建筑防火

铁路车站等建筑是组织铁路运输生产的主要场所，车站建筑防火的效果，不仅影响铁路运输安全稳定秩序，而且关系到人们生命、财产安全，因此，保证铁路建筑防火成效，对铁路消防管理具有举足轻重的地位。铁路建筑防火基本原理是破坏铁路火灾的形成条件和蔓延条件。在铁路工程防火设计中，最大限度地破坏铁路火灾的形成条件，防止火灾事故的发生，尽可能做到不失火等，属于主动防火对策。以主动防火对策进行防火，可以减少火灾的发生起数，但不能排除发生火灾的可能性。通过破坏铁路火灾的蔓延条件防止火灾发生的对策称为被动防火对策。利用消防设施的控制功能，一旦起火，可以有效地控制火灾的燃烧，把火灾控制在有限的区域内，确保其他区域的安全等属于被动防火对策。以被动防火对策进行防火，虽然还会发生火灾，但可以有效地减少发生重大火灾的概率，减少火灾损失。

主动防火对策中的破坏火灾形成条件的原理是防止可燃物、氧化剂、引火源同时存在并相互作用，或破坏火灾形成过程，即升温过程、可燃气体生成过程和激发过程等。例如，铁路设施材料不燃化或阻燃化；铁路仓库储存阻隔保护

(防止可燃物、氧化剂相互作用)；甲、乙类物品仓库和丙类液体仓库的防爆电气设备选型（消除电火花的激发过程）等。被动防火对策的原理是利用耐火构件的分隔作用和消防设施的控制作用破坏铁路火灾的蔓延条件，如设置防火分隔物、设置防火间距、设置防排烟设施、合理布局建筑和设施、安装自动报警装置、安装自动灭火装置等。

一、火灾危险性分类和耐火等级

（一）建筑物耐火等级

建筑物耐火等级是衡量建筑物耐火性能的标准。它是由组成建筑物的墙、柱、梁、楼板等主要构件的燃烧性能和耐火极限所决定的。制定耐火等级标准时选择楼板的耐火极限作为基准，即首先确定各耐火等级建筑物中楼板的耐火极限，然后将其他建筑构件与楼板相比较，在建筑结构中所占的地位比楼板重要者，其耐火极限高于楼板；地位比楼板次要者，其耐火极限适当降低。在铁路运输生产和储存过程中，火灾危险性越高，其建筑物也必须有更高的耐火等级，即具有更高的耐火性能。

铁路工程防火设计中的火灾危险性分类和耐火等级，在符合国家现行有关规定的同时，还应符合铁路有关标准、规定。按照在生产中使用或生产的物质的火灾危险性不同，将铁路厂房分成甲、乙、丙、丁、戊五类，见表2-1。

由于储存物品的环境条件与其生产过程中的环境条件有所不同，就某些物品而言，其储存过程中的火灾危险性与其生产过程中的火灾危险性也不相同，因而，铁路仓库是根据物品储存过程中的火灾危险性分为甲、乙、丙、丁、戊五类，见表 2-2。

表 2-1　铁路厂房火灾危险性分类

类别	火灾危险性特征
甲	下列物质的使用或生产： （1）闪点小于 28 ℃的液体； （2）爆炸下限小于 10%的气体； （3）常温下能自行分解或在空气中氧化能导致迅速自燃或爆炸的物质； （4）常温下受到水或空气中水蒸气的作用，能产生可燃气体并引起燃烧或爆炸的物质； （5）遇酸、受热、撞击、摩擦、催化及遇有机物或硫黄等易燃的无机物，极易引起燃烧或爆炸的强氧化剂； （6）受撞击、摩擦或与氧化剂、有机物接触时能引起燃烧或爆炸的物质； （7）在密闭设备内操作温度大于等于物质本身自燃点的生产
乙	下列物质的使用或生产： （1）闪点不小于 28 ℃，但小于 60 ℃的液体； （2）爆炸下限不小于 10%的气体； （3）不属于甲类的氧化剂； （4）不属于甲类的化学易燃危险固体； （5）助燃气体； （6）能与空气形成爆炸性混合物的浮游状态的粉尘、纤维、闪点大于等于 60 ℃的液体雾滴
丙	下列物质的使用或生产： （1）闪点不小于 60 ℃的液体； （2）可燃固体
丁	下列物质的使用或生产： （1）对不燃烧物质进行加工，并在高温或熔化状态下经常产生强辐射热、火花或火焰的生产； （2）利用气体、液体、固体作为燃料或将气体、液体进行燃烧作其他用的各种生产； （3）常温下使用或加工难燃烧物质的生产
戊	常温下使用或加工不燃烧物质的生产

表 2-2 存储物品的火灾危险性分类

类别	火灾危险性特征
甲	(1) 闪点小于 28 ℃的液体； (2) 爆炸下限小于 10%的气体，受到水或空气中水蒸气的作用，能产生爆炸下限小于 10%的气体的固体物质； (3) 常温下能自行分解或在空气中氧化能导致迅速自燃或爆炸的物质； (4) 常温下受到水或空气中水蒸气的作用，能产生可燃气体并引起燃烧或爆炸的物质； (5) 遇酸、受热、撞击、摩擦及遇有机物或硫黄等易燃的无机物，极易引起燃烧或爆炸的强氧化剂； (6) 受撞击、摩擦或与氧化剂、有机物接触时能引起燃烧或爆炸的物质
乙	(1) 闪点不小于 28 ℃，但小于 60 ℃的液体； (2) 爆炸下限不小于 10%的气体； (3) 不属于甲类的氧化剂； (4) 不属于甲类的易燃固体； (5) 助燃气体； (6) 常温下与空气接触能缓慢氧化，积热不散引起自燃的物品
丙	(1) 闪点不小于 60 ℃的液体； (2) 可燃固体
丁	难燃烧物品
戊	不燃烧物品

注：同一座仓库或仓库的任一防火分区内储存不同火灾危险性物品时，仓库或防火分区的火灾危险性应按火灾危险性最大的物品确定。

机务段、车辆段、动车段（所）、供电段、综合维修基地（段）、大型养路机械段、行包快运基地、中转仓库、口岸站油罐车换轮线（库）等主要生产房屋的火灾危险性分类和主要生产场所爆炸、火灾危险环境等级分区应符合表 2-3、表 2-4 规定。

表 2-3 主要生产房屋的火灾危险性分类

类别	生产房屋
甲	乙炔瓶存放间、酸性蓄电池充电间，危险品仓库，口岸站油罐车换轮库、洗罐库
乙	闪点小于 60 ℃的燃油库、油泵间，喷漆库、油漆库、漆工间、浸漆干燥间、配件油漆间、滤油毛线间，机务段、车辆段、动车段(所)、大型养路机械段、综合维修段（工区）的易燃品库（储藏煤油、氧气瓶等)、氧气站、洗罐棚，制冰所内的氨压缩机间，喷漆及预处理库
丙	闪点不小于 60 ℃的燃油库、机油库、油泵间，油脂发放间、齿轮箱抱轴承间、油脂再生间、劳保用品库、杂品库、客车及机械冷藏车修车库、客车及机械冷藏车整备库、动车检查库和检修库、空调车三机综合作业棚（库)，木工系统各车间，可燃材料仓库、车站行李房、包裹房、铁路货场中转库房、发电机间、配电装置室（每台设备油量 60 kg 及以上)、油浸变压器室，有可燃介质的补偿装置室，变压器油过滤间、变压器油库、内燃叉车库、客运备品库、电缆夹层（一般电缆)、货场和综合维修库段（工区）内的油库、试验组合（联合）车库、配送中心(或物资库)，轨道车库
丁	信息机房、通信机房、信号机械室、车辆安全防范预警系统机械室，机车中修库及小修库、机车停留库，空气压缩机间、干砂间、柴油机间、电机间、电器间、转向架间、轮轴间、清洗间（使用工业清洗剂)、货车修车库、站修棚（库)，大型养路机械检修库和停放库（棚)、锅炉房、锻工间、熔焊间、配件加修间、车电间、金属利材间、电瓶叉车库、化验室、调车机车库、滚动轴承间、空调车三机检修间、制动间、油压减振器检修间、燃系间、燃料器械间、小型配电装置室（每台装油量不大于 60 kg 的设备)、气体或干式变压器室、干式电抗器室，小五金库，检修组合（联合）车库、准备库
戊	机床间、冷却水制备间、轴承检查选配室、受电弓间、配件库、设备维修间、机械钳工间、工具间、材料仓库（非燃材料)、计量室、仪表间、碱性蓄电池间、钩缓间，检修交车棚、洗车库、变电所主控制室、电缆夹层（阻燃电缆)

表 2-4 主要生产场所爆炸危险环境等级分区

环境级别	分区	危险程度	危险环境
爆炸性气体环境	0	连续出现或长期出现爆炸性气体混合物的环境	—
	1	在正常运行时可能出现爆炸性气体混合物的环境	洗罐库（棚）、汽油库、地下或半地下汽油泵间、喷漆库
	2	在正常运行时，不太可能出现爆炸性气体混合物的环境，或即使出现也仅是短时存在的爆炸性气体混合物的环境	酸性蓄电池充电间、汽车油罐车库、瓶装乙炔存放间、浸漆干燥间、乙炔发生间、乙类油泵房、易燃品仓库、口岸站油罐车换轮库、低压燃气辐射板采暖的厂房和库房
爆炸性粉尘环境	20	空气中的可燃性粉尘云持续地或频繁地出现于爆炸性环境中的区域	—
	21	在正常运行时，空气中的可燃性粉尘云很可能偶尔出现于爆炸性环境中的区域	—
	22	在正常运行时，空气中的可燃性粉尘云一般不可能出现于爆炸性环境中的区域，即使出现，持续时间也是短暂的	—

旅客车站的站房及地道、天桥、站台雨棚，铁路物流中心库房，客车整备库及修车库，动车检修库（检查库），机械冷藏车检修库耐火等级不应低于二级；其他各类生产、生活房屋的耐火等级不宜低于二级。

机务段、车辆段及动车段（所）的喷漆库、油漆库、车体检修库，车站货物仓库，供电段变压器油过滤间采用钢结构时，受可燃气体或可燃液体火焰影响的部位应进行防火隔热保护，耐火等级不应低于二级。

站台立柱雨棚采用钢结构时可采用无防火保护的金属构件。线间立柱雨棚采用钢结构时，距轨面 12 m 以上可采用无防火保护的金属构件。

二、防火间距

建筑火灾发生时，火势不仅能在建筑内蔓延扩大，还能蔓延至相邻建筑，因此，相邻建筑应留出适当的距离。防止着火建筑的辐射热在一定时间内引燃相邻建筑，且便于消防扑救的间隔距离称为防火间距。铁路防火间距是相邻建筑留出防止火灾蔓延且便于消防扑救的间隔距离。建、构筑物及线路、铁路设施等都必须留出符合规定要求的间隔距离。

（一）线路

1. 除为铁路运输工具补充燃料的设施及办理危险货物运输外，在铁路线路两侧建造、设立生产、加工、储存或销售易燃、易爆及放射性物品等危险物品的场所、仓库的防火间距不应小于表 2-5 的规定。

表 2-5 铁路线路与房屋建筑物防火间距

序号	房屋名称	防火间距/m	
		正线	其他线
1	散发可燃气体、可燃蒸气的甲类生产厂房	35	30
2	甲、乙类生产厂房（不包括序号 1 的厂房）	30	25
3	甲、乙类物品库房	50	40
4	其他生产性及非生产性房屋	20	10

注：(1) 生产烟花、爆竹、爆破器材的工厂和仓库与铁路线路之间的防护距离应符合国家标准的规定。

(2) 本表序号 4 中的房屋，当面向铁路侧墙体为防火墙或设置耐火极限 3 h 并高于轨面 4.0 m 的防火隔墙时，防火间距可适当减小，但不应减小到 50%。同时，非铁路房屋应建于铁路线路安全保护区之外。

2. 铁路线路与可燃材料露天、半露天堆场的防火间距不应小于表 2-6 的规定。

表 2-6 铁路线路与可燃材料露天、半露天堆场的防火间距

序号	堆场名称和总储量			防火间距/m	
				正线	其他线
1	稻草、麦秸、芦苇、打包废纸等 W/t		10≤W<5 000	40	30
			W≥5 000	60	30
2	木材等 V/m^3		50≤V<1 000	25	20
			1 000≤V<10 000	30	25
			V≥10 000	35	30
3	棉、麻、毛、化纤、百货 W/t		10≤W<500	25	20
			500≤W<1 000	30	25
			1 000≤W<5 000	35	30
4	煤、焦炭 W/t		W>100	20	10
5	粮食	席茓囤 W/t	10≤W<5 000	30	25
			5 000≤W<20 000	35	30
		土圆仓 W/t	500≤W<10 000	25	20
			10 000≤W<20 000	30	25

注："W"为可燃材料质量；"V"为可燃材料体积。

3. 铁路线路与石油库的防火间距不应小于表 2-7 的规定；与石油化工企业设施的防火间距不应小于表 2-8 的规定；与甲、乙、丙类液体储罐，可燃、助燃气体储罐，火炬，油气井等的防火间距不应小于表 2-9 的规定。

表 2-7 铁路线路与石油库的防火间距

石油库设施名称	石油库等级	防火间距/m	
		正线	其他线
甲 B、乙类液体地上罐组；甲 B、乙类覆土立式油罐；无油气回收设施的甲 B、乙 A 类液体装卸码头	三级、四级、五级	50	25
	二级	55	30
	一级	60	35
丙类液体地上罐组；丙类覆土立式油罐；乙 B、丙类和采用油气回收设施的甲 B、乙 A 类液体装卸码头；无油气回收设施的甲 B、乙 A 类液体铁路或公路罐车装车设施；其他甲 B、乙类液体设施	三级、四级、五级	38	20
	二级	40	23
	一级	45	26
覆土卧式油罐；乙 B、丙类和采用油气回收设施的甲 B、乙 A 类液体铁路或公路罐车装车设施；仅有卸车作业的铁路或公路罐车卸车设施；其他丙类液体设施	三级、四级、五级	25	15
	二级	28	15
	一级	30	18

注：(1) Ⅰ、Ⅱ级毒性液体的储罐等设施与铁路线的最小安全距离，应按相应火灾危险性类别和所在石油库的等级在本表规定的基础上增加 30%。

(2) 特级石油库中，非原油类易燃和可燃液体的储罐等设施与铁路线的最小安全距离，应在本表规定的基础上增加 20%。

表 2-8 铁路线路与石油化工企业设施的防火间距

石油化工企业设施名称	储　　量	防火间距/m	
		正线	其他线
液化烃罐组（罐外壁）	不分储量	55	45
甲、乙类液体罐组（罐外壁）	不分储量	45	35
甲、乙类工艺装置或设施（最外侧设备外缘或建筑物的最外轴线）	不分储量	35	30

注：(1) 丙类可燃液体罐组的防火间距，可按甲、乙类液体罐组的规定减少 25%。

(2) 丙类工艺装置或设施的防火间距，可按甲、乙类工艺装置或设施的规定减少 25%。

表 2-9　铁路线路与液体、气体储罐、火炬、油气井的防火间距

<table>
<tr><th rowspan="2">序号</th><th colspan="2" rowspan="2">储罐种类及总储量 V/m³</th><th colspan="2">防火间距/m</th></tr>
<tr><th>正线</th><th>其他线</th></tr>
<tr><td rowspan="2">1</td><td>甲、乙类液体储罐</td><td>不分储量</td><td>35</td><td>25</td></tr>
<tr><td>丙类液体储罐</td><td>不分储量</td><td>30</td><td>20</td></tr>
<tr><td>2</td><td>可燃、助燃气体储罐</td><td>不分储量</td><td>35</td><td>25</td></tr>
<tr><td rowspan="4">3</td><td rowspan="4">液化石油气储罐</td><td>30＜V≤50
(单罐≤20)</td><td>60</td><td>25</td></tr>
<tr><td>50＜V≤500
(单罐≤100)</td><td>70</td><td>30</td></tr>
<tr><td>500＜V≤2 500
(单罐≤400)</td><td>80</td><td>35</td></tr>
<tr><td>2 500＜V≤10 000
(单罐＞1 000)</td><td>100</td><td>40</td></tr>
<tr><td>4</td><td colspan="2">可能携带可燃液体的火炬</td><td>80</td><td>80</td></tr>
<tr><td>5</td><td colspan="2">自喷油井、气井、注气井</td><td>40</td><td>30</td></tr>
<tr><td>6</td><td colspan="2">机械采油井</td><td>20</td><td>15</td></tr>
</table>

注：(1) 埋地单罐容积小于或等于 100 m³ 的甲、乙类液体卧式储罐和其他散发蒸气比空气重的甲、乙类液体储罐与铁路线路的防火间距可按本表减少 50%，丙类液体储罐可在本表和本注的基础上再减少 25%，但折减后的甲、乙、丙类液体储罐与铁路线路的水平距离不得小于 15 m。

(2) 埋地单罐容积小于或等于 50 m³ 且总容量不大于 400 m³ 的液化石油气储罐，与铁路线路的防火间距可按本表减少 50%。

(3) 放空管可按本表中可能携带可燃液体的防火间距减少 50%。

4. 为铁路运输生产作业服务的房屋、场所、仓库、储罐与铁路线路的防火间距可不受表 2-5～表 2-9 的限制，但应符合国家现行标准的要求。储存桶装乙类柴油仓库及乙、丙类液体储罐与铁路线路的防火间距应符合国家标准的有关规定。

5. 输送甲、乙、丙类液体的管道和可燃气体管道与铁路平行埋设时，原油、成品油管道距铁路线不应小于 25 m，液化石油气管道距铁路线不应小于 50 m，且距铁路用地界应大于 3.0 m，并应符合《铁路安全管理条例》中有关铁路安全保护区的规定。

直接为铁路运输服务的乙、丙类液体和低压可燃气体管道与邻近铁路线的防火间距不应小于 5.0 m。中压及次高压可燃气体管道与邻近铁路路堤坡脚的防火间距不应小于 5.0 m，困难条件下采取有效的安全防护措施后可适当缩小。

6. 铁路通过林区时，距林木最近的铁路线路中心线至林木垂直投影边缘的防火隔离带宽度不应小于 30 m。铁路通过重点草原防火区时，应设置自铁路用地界至草地边缘不小于 20 m 的防火隔离带。

（二）机务、车辆设施

洗罐线应为平坡尽端式，其终端车位的车钩至车挡的安全距离不应小于 20 m。洗罐工艺装置（洗罐线）与周边建（构）筑物的防火间距不应小于表 2-10 的规定。

表 2-10　洗罐工艺装置（洗罐线）与周边建（构）筑物的防火间距

<table>
<tr><th rowspan="3">建筑物、构筑物名称</th><th rowspan="3">明火及散发火花地点</th><th rowspan="3">铁路线路</th><th colspan="2" rowspan="2">道路</th><th rowspan="3">污水处理设施</th><th rowspan="3">洗罐所围墙</th><th rowspan="3">铁路装卸设施</th><th rowspan="3">甲、乙类液体泵房</th><th rowspan="3">住宅区</th><th rowspan="3">工业企业</th><th colspan="2">其他建筑物</th><th rowspan="3">架空电力线路和不属于国家一、二级架空通信线路</th></tr>
<tr><th colspan="2">耐火等级</th></tr>
<tr><th>主要</th><th>次要</th><th>一、二级</th><th>三、四级</th></tr>
<tr><td>防火间距/m</td><td>23</td><td>15</td><td>15</td><td>10</td><td>20</td><td>12</td><td>10</td><td>8</td><td>38</td><td>23</td><td>14</td><td>18</td><td>1.5 倍杆高</td></tr>
</table>

（三）变电所

牵引变电所的室外油浸式牵引变压器，分区所、自耦变压器所或开闭所的室外油浸式自耦变压器，距最近铁路线路的防火间距不应小于25 m。当设置防火隔墙时，防火间距可减少50%。防火墙的高度不宜低于变压器油枕的顶端高度，防火墙的两端应分别大于变压器储油池外侧各1 m。

牵引变电所的室外油浸式牵引变压器，分区所、自耦变压器所或开闭所的室外油浸式自耦变压器，以及10 kV及以上的室外油浸式电力变压器与易燃、易爆场所的防火间距不应小于表2-11的规定。

表2-11 油浸变压器与易燃易爆场所的防火间距

序号	场所		防火间距/m
1	储罐埋地的加油站、加气站	一级站	25
		二级站	22
		三级站	18
2	液化石油气储罐地上设置的加气站	一级、二级站	45
		三级站	40
3	甲、乙、丙类石油储罐总容量 V/m^3	$V \leqslant 5\ 000$	23
		$5\ 000 < V \leqslant 50\ 000$	30
		$V > 50\ 000$	50
4	非石油甲、乙类液体储罐总容量 V/m^3	$V < 50$	30
		$50 \leqslant V < 200$	35
		$200 \leqslant V < 1\ 000$	40
		$1\ 000 \leqslant V < 5\ 000$	50

续上表

序　号	场　　所		防火间距/m
5	非石油丙类液体储罐总容量 V/m^3	$5\leqslant V<250$	24
		$250\leqslant V<1\ 000$	28
		$1\ 000\leqslant V<5\ 000$	32
		$5\ 000\leqslant V<25\ 000$	40
6	可燃、助燃气体储罐总容量 V/m^3	$V<1\ 000$	20
		$1\ 000\leqslant V<10\ 000$	25
		$10\ 000\leqslant V<50\ 000$	30
		$50\ 000\leqslant V<100\ 000$	35
		$100\ 000\leqslant V<300\ 000$	40
7	液化石油气储罐总容量 V/m^3	$30<V\leqslant 50$ (单罐 $V\leqslant 20$)	45
		$50<V\leqslant 200$ (单罐 $V\leqslant 50$)	50
		$200<V\leqslant 500$ (单罐 $V\leqslant 100$)	55
		$500<V\leqslant 1\ 000$ (单罐 $V\leqslant 200$)	60
		$1\ 000<V\leqslant 2\ 500$ (单罐 $V\leqslant 400$)	70
		$2\ 500<V\leqslant 5\ 000$ (单罐 $V\leqslant 1\ 000$)	80
		$5\ 000<V\leqslant 10\ 000$ (单罐 $V>1\ 000$)	120

注：(1) 埋地单罐容积小于或等于 50 m^3 的甲、乙、丙类液体卧式储罐和总容积小于或等于 200 m^3 的储罐，防火间距可按本表减少 50%。

(2) 埋地单罐容积小于或等于 50 m^3 且总容量不大于 400 m^3 的液化石油气储罐，防火间距可按本表减少 50%。

（四）防火间距起算点

1. 道路——路面边缘（指明者除外）。

2. 铁路线路——最近铁路的线路中心线。

3. 管道——管道的中心线（指明者除外）。

4. 油罐——罐外壁。当有防火堤时，为防火堤中心线。

5. 工业企业、住宅区、建筑物、构筑物——围墙外缘，无围墙者，建筑物和构筑物的外墙皮，如外墙有凸出的可燃或难燃构件时，应从其凸出部分外缘算起。

6. 铁路装卸油品设施——铁路作业中心或端部的装卸油品的鹤管。

7. 铁路油罐车、汽车油罐车的装卸油品鹤管——鹤管的主管中心。

8. 各类堆场——邻近铁路的最外边缘。

9. 防火隔离带——铁路中心线或用地界与森林的林木投影边缘或草原的草地边缘。

10. 铁路车站——铁路车站设计用地界。

11. 洗罐工艺装置——此装置最外侧设备边缘或建筑物的最外边线。洗罐工艺装置或洗罐线与建、构筑物的防火间距应以相互距离较近者确定。

三、防火分区

防火分区是指在建筑物内部采用防火墙、耐火楼板及其他防火分隔设施分隔而成，能在一定时间内防止火灾向同一建筑物的其余部分蔓延的局部空间。将建筑物进行防火分区，在一定的时间内把火势控制在规定的区域内，不仅能够减少火灾损失，还能为疏散、扑救等工作提供有利的条件。

（一）防火分区分类

防火分区包括竖向防火分区和水平防火分区，通过防火分隔来实现。竖向防火分隔，是指用耐火性能较好的楼板、防烟楼梯间等，在建筑物的垂直方向对每个楼层进行防火分隔，其作用是防止多层或高层建筑物层与层之间竖向发生火灾蔓延。水平防火分隔是指用防火墙或防火门、防火卷帘等防火分隔物，将建筑物在水平方向分隔出防火区域，其作用是防止火灾在水平方向扩大蔓延。

在楼梯间入口处设有防烟前室，或设有专供排烟用的阳台、凹廊等，且通向前室和楼梯间的门均为乙级防火门的楼梯间称为防烟楼梯间。

（二）防火分隔物

在建筑物内设置耐火极限较高的防火分隔物可以进行防火分区。常见的防火分隔物包括：防火墙、防火门、防火窗、防火卷帘、防火水幕带等。

1. 防火墙

防火墙是具有不少于 3.0 h 耐火极限的非燃烧体墙壁。

防火墙有内防火墙、外防火墙和室外独立的防火墙等。内防火墙是把房屋划分成防火分区的内部分隔墙；外防火墙是在两幢建筑物间因防火间距不够而设置的无门窗的外墙；室外独立的防火墙是当建筑物间的防火间距不足，又不便使用外防火墙时，采用室外独立防火墙，用以遮断对面的热辐射和爆炸冲击波。

防火墙应直接设置在建筑物的基础或钢筋混凝土框架、梁等承重结构上，轻质防火墙体可不受此限制。

防火墙应从楼地面基层隔断至顶板底面基层。当屋顶承重结构和屋面板的耐火极限低于0.5 h，高层厂房（仓库）屋面板的耐火极限低于1.0 h时，防火墙应高出不燃烧体屋面0.4 m以上，高出燃烧体或难燃烧体屋面0.5 m以上。其他情况时，防火墙可不高出屋面，但应砌至屋面结构层的底面。

当防火墙横截面中心线距天窗端面的水平距离小于4.0 m，且天窗端面为燃烧体时，应采取防止火势蔓延的措施。

当建筑物的外墙为难燃烧体时，防火墙应凸出墙的外表面0.4 m以上，且在防火墙两侧的外墙应为宽度不小于2.0 m的不燃烧体，其耐火极限不应低于该外墙的耐火极限。当建筑物的外墙为不燃烧体时，防火墙可不凸出墙的外表面。紧靠防火墙两侧的门窗洞口之间最近边缘的水平距离不应小于2.0 m；但装有固定窗扇或火灾时可自动关闭的乙级防火窗时，该距离可不限。

建筑物内的防火墙不宜设置在转角处。如设置在转角附近，内转角两侧墙上的门窗洞口之间最近边缘的水平距离不应小于4.0 m。

防火墙上不应开设门、窗、洞口，必须开设时，应设置不可开启或火灾时能自动关闭的甲级防火门、窗。

2. 防火门

防火门是指在一定时间内，连同框架能满足耐火稳定性、完整性和隔热性要求的门。它是设置在防火分区间、疏散楼梯间、垂直竖井等处且具有一定耐火性的活动的防火分隔物。

防火门除具有普通门的作用外，更重要的是具有阻止火势蔓延和烟气扩散的特殊功能，它能在一定时间内阻止或延缓火灾蔓延，确保人员安全疏散。

防火门由门框、门扇、控制设备和附件等组成。按其所用的材料可分为钢质防火门、木质防火门、钢木质防火门和其他材质防火门；按其耐火极限可分为甲级防火门、乙级防火门和丙级防火门。

耐火极限不低于1.5 h的门为甲级防火门。甲级防火门主要安装于防火分区间的防火墙上。建筑物内附设的一些特殊房间的门也应采用甲级防火门，如燃油燃气锅炉房、变压器室、锅炉房内设置的储油间等。

耐火极限不低于1.0 h的门为乙级防火门。疏散走道通向防烟楼梯间前室及前室通向楼梯间的门、通向室外楼梯的门、消防电梯前室的门等应采用乙级防火门。

耐火极限不低于0.5 h的门为丙级防火门。建筑物中电缆井、管道井、排烟道、排气道、垃圾道等竖向管道井壁上的检查门等应采用丙级防火门。

3. 防火窗

防火窗是指在一定时间内，连同框架能满足耐火稳定性和耐火完整性要求的窗。按其所用的材料可分为钢质防火窗、木质防火窗、钢木质防火窗和其他材质防火窗。防火窗一般安装在防火墙或防火门上。

防火窗按安装方法可分为固定窗扇防火窗和活动窗扇防火窗；按耐火极限可分为甲、乙、丙三级。耐火极限不低于1.5 h的窗为甲级防火窗；耐火极限不低于1.0 h的窗为乙级防火窗；耐火极限不低于0.5 h的窗为丙级防火窗。

防火窗的主要作用：一是隔离和阻止火势蔓延，此种窗多为固定窗；二是采光，此种窗有活动窗扇，正常情况下采光通风，火灾时起防火分隔作用。活动窗扇的防火窗应具有手动关闭和自动关闭功能。

(三) 旅客车站防火分区

1. 铁路旅客车站的候车区及集散厅符合下列条件时，其每个防火分区最大允许建筑面积不应大于10 000 m^2：

(1) 设置在首层、单层高架层，或有一半直接对外疏散出口且采用室内封闭楼梯间的二层。由于车站内人员密集，疏散距离较长，有效火灾扑救空间小，一旦发生火灾，扑救火灾和人员疏散都较为困难，故规定集散厅、候车区应设置在首层和单层高架层。直接对外疏散出口，是指设置直接通向室外安全区域的疏散口。

(2) 设有自动喷水灭火系统、排烟设施和火灾自动报警系统，确保火灾不会通过连通空间蔓延。

(3) 内部装修设计符合现行国家标准《建筑内部装修设计防火规范》(GB 50222) 的有关规定。

2. 其他建筑与铁路旅客车站合建时，应划分独立的防火分区。

3. 旅客车站站房公共区严禁设置娱乐、演艺等场所。设置为旅客服务的餐饮、商品零售点应符合下列规定：

(1) 顶板的耐火极限不应低于1.5 h，隔墙的耐火极限不应低于2.0 h，隔墙两侧沿走道门洞之间应设置宽度不小于2.0 m的实体墙或A类防火玻璃。

(2) 固定设置的餐饮、商品零售点面积不应大于100 m^2，连续设置时，总建筑面积不应大于500 m^2。

(3) 应采用无明火作业。无明火作业指不采用燃煤及其他固体、燃气及液化石油气、柴油及乙醇等作燃料，仅采用电热器具现场热加工的餐饮作业。

（4）中型及以上车站固定设置的餐饮、商品零售点应设置火灾自动报警系统和自动喷水灭火系统，连续设置且建筑面积大于 100 m^2 时，还应设置机械排烟系统。

（5）当商品零售点建筑面积不大于 20 m^2，且与其他功能用房或餐饮、商品零售点间距不小于 8.0 m 时，可不采取防火分隔措施。

4. 中型及以上铁路旅客车站的站房公共区与集中设置的办公区、设备区等应划分为独立的防火分区。当行李（包裹）库与旅客车站合建时，行李（包裹）库应划分为独立的防火分区，且站房公共区不应与行李（包裹）库上下组合设置。

5. 高架候车厅（室）通往站台的进站楼梯作为消防疏散楼梯时，疏散门至楼梯踏步的缓冲距离不宜小于 4.0 m。

6. 铁路旅客车站的疏散口、走道和楼梯的净宽度应符合《建筑设计防火规范》（GB 50016）的有关规定，且站房内所有为旅客疏散服务的楼梯梯段净宽度均不得小于 1.6 m。

7. 当候车厅（室）位于旅客车站建筑顶层，且室内地面与集散厅地面或室外地面高差不大于 10 m，其建筑高度虽大于 24 m，其防火设计可按《建筑设计防火规范》（GB 50016）中单、多层民用建筑类别的规定执行。

8. 旅客地道内地面、墙面、顶面装饰材料燃烧性能等级均不应低于 A 级，地道内广告灯箱等所用材料燃烧性能等级不应低于 B1 级。

9. 旅客车站集散厅、售票厅和候车厅（室）等，其室内任一点至最近疏散门或安全出口的直线距离不应大于 30 m；

当该场所设置自动喷水灭火系统时，室内任一点至最近安全出口的安全疏散距离可增加25%。

10. 无商业设施旅客进出站地道的防火设计，应符合《建筑设计防火规范》（GB 50016）中城市交通隧道的相关规定。

（四）电气设备房屋防火分区

铁路电气设备房屋，一般附设在建筑物内，属于业务量大、设备价值大、性质十分重要、火灾危险等级较高的建筑场所，一旦失火将会扰乱行车秩序，影响铁路运输生产的正常进行，因此，应对这些房屋的隔墙、楼板和门提出耐火极限要求。

1. 下列房屋建筑应采用耐火极限不低于2.0 h的隔墙和耐火极限不低于1.5 h的楼板与其他部位隔开，与其他部位相连的门窗应采用乙级防火门窗：

（1）铁路通信枢纽各通信机房、调度中心（所）通信机房、车站通信机房、区间通信机房（通信基站、信号中继站、各类牵引供电及电力所（亭）内通信机械室）。

（2）调度中心（所）设备机房、车站、动车段（所）和区间的信号机械室（含信号设备机房、继电器室和电源室、防雷分线室）及运转室。

（3）信息设备用房及消防控制室。

（4）车辆安全防范预警系统机房。

（5）自然灾害与异物侵限监测系统中心级机房。

2. 牵引变电所、分区所、自耦变压器所、开闭所的主控制室、配电装置室、补偿装置室、变压器室，10 kV及以上变、配电所的控制室应采用耐火极限不低于2.0 h的隔墙和耐火极限不低于1.5 h的楼板与其他部位隔开。

当牵引变电所、分区所、自耦变压器所、开闭所的主控制室、配电装置室、补偿装置室、变压器室，10 kV及以上变、配电所的控制室与旅客站房或其他民用建筑合建时，其内部门窗应采用甲级防火门窗。独立设置时，其内部门窗防火要求应符合《火力发电厂与变电所设计防火规范》（GB 50229）、《20 kV及以下变电所设计规范》（GB 50053）和《35 kV～110 kV变电站设计规范》（GB 50059）的相关规定。

3. 通信机房、信号机械室、信息设备用房、调度中心（所）、车辆安全防范预警系统机房和变、配电所，牵引变电所、分区所、自耦变压器所、开闭所的电缆井，应采用耐火极限不低于1.0 h的围护结构，其检查门应采用乙级防火门。其他建筑内电缆井和井壁上检查门的防火要求应符合《建筑设计防火规范》（GB 50016）的有关规定。

（五）厂房和仓库防火分区

1. 机务段、车辆段、动车段（所）、综合维修基地（段）、大型养路机械段的喷漆库、油漆库应单独设置。当符合下列条件时，可设在联合车间的端部：

（1）采用耐火极限不低于3.0 h的防火卷帘分隔；

（2）库内的油漆存放间、漆工间、干燥间等附属房屋应采用耐火极限不低于3.0 h的防火墙及甲级防火门；

（3）采用轻质屋面或有足够的门、窗，保证泄压面积，地面应采用不发生火花的建筑材料；

（4）库内不得设置办公室、休息室或更衣室；

（5）库内设置检修坑时，坑内应采取降低气雾浓度措施。

2. 酸性蓄电池充电间应单独建造。当与其他房屋合建时应设于外侧，并应采用耐火极限不低于 3.0 h 的防火墙隔开，其上方不应建有其他房屋。充电间不应有与相邻的值班室和配电室直通的门、窗；当必须设置时，应采用甲级防火门、窗。当屋顶开有天窗或紧靠顶棚对称设置不小于 2.0 m^2 的通风窗，且屋顶无大于或等于 0.2 m 高的梁隔断时，可不考虑泄压。

3. 车辆段、动车段（所）的联合车间内设置的漆工间、调漆间及甲、乙类油品存放间应靠近外墙布置。油漆、溶剂及甲、乙类油品的储量不应超过一昼夜的使用量。

4. 机务段、车辆段、动车段（所）的柴油泵间和油脂发放间应设在地面。

5. 危险化学品货物仓库的库房应按危险品货物分类分别建造，化学性质相近、灭火方法相同的物品可合建一个库房，并应符合下列规定：

（1）房屋顶面应采用双层隔热和易泄压的轻质材料做屋盖；

（2）地面应有从库门口向室内的下坡；

（3）库房应采用向外开启的非金属门、窗或悬开窗，当受到站台宽度限制时，可采用侧拉门，但应设宽度不小于 0.8 m 无门槛向外开启的疏散门；

（4）地面和 3.0 m 以下的内墙面应采用不发生火花的建筑材料。

6. 铁路物流中心库房的生活、办公、仓储、分装、交易等不同功能的场所，应按不同使用性质分别划分防火分区。

防火设计应符合《建筑设计防火规范》（GB 50016）的有关规定。

四、通风及排烟

在燃烧过程中，烟浓度的增高，会导致氧气的缺失；烟中的有毒气体，会对人体构成致命威胁；烟气还影响人的能见距离，使人们无法及时安全疏散；灼热的烟能烧伤人并通过热传播使火灾蔓延。大量火灾事故统计表明，烟气是导致建筑火灾人员伤亡的最主要的原因。建筑物内设置防排烟系统，主要有以下三方面的作用：一是为安全疏散创造有利条件；二是为消防扑救创造有利条件；三是控制火势蔓延。因此，建筑物设置防排烟设施，是减少和避免火灾对人们侵害的有效措施。

（一）防排烟方式

1. 密闭防烟

密闭防烟是通过将起火房间立即密封从而实现防排烟功能的方式。若起火房间容积小，又有耐火构件与建筑其他部位分隔，且密闭性好，当可燃物较少时，有可能因供氧不足而熄灭，进而达到防止烟气扩散的目的。

2. 自然排烟

自然排烟是通过室内外温度差引起的热压作用和风力所造成的风压作用形成室内外气体对流实现防排烟功能的方式。自然排烟有两种方式：一是利用开启的门窗进行排烟；二是利用竖井进行排烟。自然排烟经济、简单，无须排烟动力设备，但可靠性差。

室外风速、风向能对自然排烟产生一定的影响。当起火房间的开口处于背风面时，能起到很好的排烟效果；当处在迎风面时，则会降低排烟效果，甚至会将烟吹到建筑物的其他部位。

3. 机械防排烟

机械防排烟不受室外条件的影响，排烟效果比较稳定，但投资较大，操作管理也比较复杂，需要有防排烟机械设备、消防电源等。

机械防排烟有三种方式：一是机械排烟、自然进风保持负压的方式；二是机械排烟、机械送风保持正压或负压的方式；三是机械送风保持正压的方式。

（二）通风调节

1. 喷漆库、油漆库、危险品仓库、口岸站油罐车换轮库、酸性蓄电池充电间和输送甲、乙类油品的泵房，以及在生产过程中使用甲、乙类油品进行配件清洗的滚动轴承间、空调机检修间、油压减振器检修间、燃料间、制动间等，应设置防爆通风设施。

2. 通风、空气调节系统风管穿越通信、信号、电力、信息设备用房等重要或火灾危险性大的房间隔墙和楼板处应设置防火阀。目的是防止机房的火灾通过风管道蔓延到建筑内的其他房间，或者防止建筑内的火灾通过风管道蔓延到机房。

（三）排烟

下列场所应设置排烟设施：

1. 单层建筑总面积大于5 000 m^2的机车检修库、货车修车库、大型养路机械修车及停车库、综合维修基地（段）检修库等丁类厂房。

2. 单层建筑面积大于 1 000 m^2的行包快运基地及车站货物仓库、包裹库。

3. 建筑面积大于 100 m^2 的旅客车站候车厅（室）、集散厅、售票厅、中庭。

4. 建筑面积大于 300 m^2 的客车（动车）及机械冷藏车的修车库和整备库，轨道车库、内燃叉车库，供电段、电力段的油浸变压器室等丙类厂（库）房。

5. 连续设置且总面积大于 100 m^2 的固定设置的餐饮、商品零售点。

6. 地下车站防排烟设计应符合《地铁设计规范》（GB 50157）的规定。

五、安全疏散

建筑物是供人们从事生产、生活和其他活动的场所，同时建筑物内又有大量的物资和设备，增加了火灾载荷。因此，建筑物必须设置安全疏散设施，在发生火灾时能使人们从建筑物中迅速而有秩序地疏散出去，并为迅速扑救火灾及抢救人员提供有利条件。

（一）安全疏散的基本原则

根据建筑物的使用性质、容纳人数、面积大小及人们在火灾发生时的生理心理状态特点设置安全疏散设施时，要遵循以下基本原则：

1. 安全疏散设施的设计思路是尽可能使疏散过程在危及人们安全的火灾因素产生之前完成，并且使疏散行动不被阻挡。

2. 疏散路线要简洁、明了、畅通、安全、可靠，疏散路线的端部必须是安全区域，避免出现各种人流、货物相互交叉，杜绝出现逆流。

3. 为保证公共场所在火灾时能安全疏散人员和物资，应设有足够数量的安全出口。因为在正常条件下的疏散是有秩序地进行的，而紧急疏散时，则由于人们惊恐的心理状态，必然会出现拥挤等意想不到的状况。符合安全疏散要求的门、走道和楼梯在设计时要使其有天然采光功能，有防火隔墙和顶板的保护，有利于人们快速离开火场。

4. 被疏散人员到安全出口距离的长短，将直接影响疏散所需时间。为满足允许疏散时间的要求，需确定出房间到安全出口允许的最大距离，超过该距离，疏散所用时间就超出安全所允许的限度。

5. 建筑物宜设置与大气连通、燃烧产生的高温烟气不会停留的场所供人员临时避难使用，如屋顶平台、室外疏散楼梯和阳台、凹廊等。

6. 安全出口应有一定的宽度要求。宽度愈大，则人流和物资疏散的时间就愈短。安全出口宽度要根据总的允许疏散时间的要求通过计算得出。

（二）铁路车站安全疏散

1. 候车室内安全出口不得少于 2 个，每个安全出口平均疏散不应超过 250 人。候车室安全出口必须直接通向室外，室外通道净宽不得小于 3.0 m。候车室安全出口净宽不得小于 1.4 m。太平门应向外开，宜采用双扇自动平开门，严禁设锁，不得设门槛。如设踏步应在门线 1.4 m 以外起步。如设坡道，坡度不得大于 1/12，并应设防滑设施。

2. 安全疏散口及每条楼梯净宽度，应根据人流计算，并不得小于 1.6 m。安全疏散口通路净宽度不得小于 3.0 m。

利用检票口作为安全疏散口时，应符合现行的《建筑设计防火规范》（GB 50016）中关于安全疏散口的规定。二楼设置候车室时，疏散楼梯不得少于2个。

3. 候车室内带有导向栏杆的进站口不得作为安全出口计算其宽度。候车室及疏散通道不得采用具有镜面效果的装饰面及假门。

4. 当疏散楼梯直接通向室外时，室外地面通道净宽不得小于3 m。楼层旅客疏散到地面时，疏散方向与地层安全出口疏散方向不得相逆。

5. 连通站内外的消防通道、候车室（厅）的安全疏散门，疏散通道不得封闭、阻塞，并确保畅通无阻。安全出口必须设置明显标志及事故照明设施。

第二节 铁路电气防火

一、电气火灾种类及预防

常见的电气火灾分为两大类：配电系统火灾和用电设备火灾。配电系统火灾，即线路火灾，主要是指将变配电设备、用电设备相连接的配电线路发生的火灾；用电设备火灾，是指配电系统附属的电器用具和照明装置发生的火灾。电气线路发生火灾，主要是由于线路的短路、过载或接触电阻过大等原因，产生电火花、电弧引起电线、电缆过热，从而造成火灾。

（一）短路及预防措施

1. 短路定义

电气线路中的导线由于各种原因造成相线与相线、相线与零线（地线）的相接或相碰，在回路中引起电流的瞬间骤然增大的现象叫短路，俗称连电、碰线、混线。

2. 短路的形式

相线之间相接叫相线短路；相线与零线（地线）相接叫直接接地短路；相线与接地导体相接叫间接接地短路。

根据欧姆定律，由于短路时电阻突然减小，则电流将突然增大。因此，线路短路时在极短的时间内会产生很大的热量，这个热量不仅能使绝缘层燃烧，而且能使金属熔化，引起邻近的易燃、可燃物质燃烧，从而引起火灾。

3. 电气线路发生短路的主要原因

(1) 使用绝缘电线、电缆时没有按具体环境选用，使绝缘受高温、潮湿或腐蚀等作用，失去了绝缘能力。

(2) 线路年久失修，绝缘层陈旧老化或受损，使线芯裸露。

(3) 电气系统出现过电压，使电线绝缘被击穿。

(4) 安装、修理人员接错线路或带电作业时造成人为碰线短路。

(5) 裸电线安装太低不慎将金属物碰在电线上；线路上有金属物件或小动物跌落，发生电线之间的跨接。

(6) 架空线路电线间距太小，档距过大，电线松弛，有可能发生两线相碰；架空电线与建筑物、树木距离太近，使电线与建筑物或树木接触。

(7) 电线机械强度不够，导致电线断落接触大地，或断落在另一根电线上。

(8) 不按规定要求私接乱拉，管理不善，维护不当造成短路。

（9）高压架空线路的支持绝缘子耐压程度过低，引起线路的对地短路。

4. 防止短路的措施

（1）按照环境特点安装导线，应考虑潮湿、化学腐蚀、高温场所和额定电压的要求。

（2）导线与导线、墙壁、顶棚、金属构件之间，以及固定导线的绝缘子、瓷瓶之间，应保持一定距离。

（3）距地面 2 m 以下及穿过楼板和墙壁的导线均应有保护绝缘的措施，以防损伤。

（4）绝缘线切忌用铁丝捆扎和铁钉搭挂。

（5）定期对绝缘电阻进行测定。

（6）线路中应安装相应的保险器或自动开关。

（二）过载（超负荷）及预防措施

1. 过载定义

电气线路中允许连续通过而不至于使电线过热的电流量称为安全载流量或安全电流。如果导线流过的电流超过安全电流值，就叫作导线过载。导线过载，一般在不考虑电压下降的情况下，以温升为标准。

一般导线的最高允许工作温度为 65 ℃。当过载时，导线的温度超过这个温度值时，就会使绝缘加速老化，甚至损坏，引起火灾。

2. 发生过载的主要原因

（1）导线截面积选择不当，实际负载超过了导线的安全载流量。

（2）在线路中接入了过多或功率过大的电气设备，超过配电线路的负载能力。

3. 防止过载的措施

（1）合理选用导线截面。

（2）切忌乱拉电线和过多接入负载。

（3）定期检查线路负载与设备增减情况。

（4）安装相应的熔断器或自动开关。

（三）接触电阻过大及预防措施

1. 接触电阻过大定义

导体连接时，在接触面上形成的电阻称为接触电阻。接头处理良好，则接触电阻小；连接不牢或其他原因使接头接触不良，则会导致局部接触电阻过大，产生过热，使金属变色甚至熔化，引起绝缘材料和附近的可燃物燃烧。

2. 发生接触电阻过大的主要原因

（1）安装质量差，造成导线与导线、导线与电气设备的衔接点连接不牢。

（2）导线的连接处粘有杂质，如氧化层、泥土、油污等。

（3）连接点由于长期振动或冷热变化使接头松动。

（4）铜铝混接时，由于接头处理不当，在电腐蚀的作用下接触电阻会很快增大。

3. 防止接触电阻过大的措施

（1）尽量减少不必要的接头，对于必不可少的接头，必须紧密结合、牢固可靠。

（2）经常对运行的线路进行巡视检查，发现接头松动或发热现象及时处理。

（3）铜芯导线采用铰接时，应尽量再进行锡焊处理，一般采用焊接和压接。

（4）铜铝导线相接时，应采用铜铝过渡接头，并用压接法连接。

（5）定期进行电气安全检查、测试，发现问题，及时维修、更换。

为了防止或减少配电线路事故的发生，必须按照电气安全技术规程进行设计安装，使用时要严格遵守岗位责任制，加强维护管理，及时消除隐患，保障用电安全。

二、铁路车站电气火灾预防

铁路车站的电气防火是结合铁路车站的实际情况，将电气防火原理应用于车站的消防工作中，使上述预防措施在车站铁路运输的各个环节中发挥更有效的作用。

（一）车站电气防火基本要求

1. 货物仓库和旅客车站行李、包裹用房的照明应选用安全型灯具和铜芯线缆，导线明敷时应采用金属管或金属槽板保护。库（房）内不应设置配电箱、开关和插座。铁路通信、信息室内敷设的各类光缆、电缆及电线的绝缘、护套及机械防护材料，应采用低烟、无卤难燃烧材料。当电力电缆与通信光电缆、信号电缆同沟、同井敷设时，应分别布置在两侧，并加设不导电、不燃烧的隔板，其间距不宜小于0.1 m。

2. 货场的电气装置，应符合国家有关电气设计规范和施工安装验收标准的规定。货场所用照明及电力线路应采用电缆埋地敷设，埋地深度不小于0.8 m，且应有标志。照明灯具应选用带罩防火灯。动力机械所需的电源控制开关应设在金属开关箱内。货物仓库使用新型照明灯具时，必须报经主管部门批准。

3. 各类仓库的电线主线都应架设在仓库外，引进仓库的电线必须装置在金属或硬质塑料套管内，电气线路和灯具应当安装在仓库内通道的上方，严禁在仓库闷顶架线。照明应选用安全型灯具和铜芯导线，导线明敷时应采用金属管或金属槽板保护，仓库内照明设备的开关、配电盘必须安装在库外，库区的电源应当设总闸和分闸，每个仓库应当单独安装开关箱，并安装防雨、防潮保护设施。

4. 在货场内使用电器机具时，必须严格执行安全操作规程。电线要架设在安全部位，免受物品的撞击、砸碰和车轮碾压。电气设备除经常检查外，每年至少应当进行两次绝缘遥测，发现可能引起打火、短路、发热和绝缘不良等情况时，必须立即修理。

5. 装卸机械电气设备金属外壳必须根据技术条件采取保护性接地或接零措施，接地电阻不宜超过 4 Ω。电动机开关、插座、熔断器等都必须装设防护罩或防护箱。电动机应独立装置分路开关和相应的保护装置，一组电动机或其他电器应装设分组的总开关和保护装置，各种用电设备保护装置应根据设备容量的大小选择。

6. 在架空输电线的附近进行装卸作业时，机械底盘应采取接地保护措施。作业人员、起重机、工索具及货物的任何部位距输电线的最小距离应符合表 2-12 的规定。

表 2-12　装卸作业与架空输电线最小距离

输电线电压/kW	<1	1～20	35～110	154	220	330
最小距离/m	1.5	2	4	5	6	7

7. 仓库内不准使用电炉、电烙铁、电熨斗等电热器具和电视机、电冰箱等家用电器。行李、包裹用房不得使用大功率的白炽灯泡。气温低于 5 ℃时，装卸机械司机室应安装无火光的电热器，不准用可燃材料做灯罩，不得任意安灯拉线或加大灯泡，不准超负荷，照明灯具下方不准堆放物品，其垂直下方与储存物品水平间距不得小于 0.5 m，灯泡距堆码货物不得小于 1.5 m，距可燃建筑构件不应小于 0.4 m。在车辆内装卸时，使用的照明灯应是安全电压（24 V 或 36 V）。装卸作业时，货车内使用的移动式照明灯具应采用安全电压，其变压器、配电箱、开关、电源插座不准安装在仓库内。

仓库内不准架设临时电线。库区如需架设临时电线，必须经过仓库（车站）消防安全责任人批准，使用临时电线的时间不应当超过半个月，到期应及时拆除。存放危险货物和易燃普通货物的仓库内不准安装使用移动照明工具。

8. 充电机械室要有绝缘地面，充电机不可超负荷运行。

9. 货场内的变压器、配电箱和电线线路附近不准堆放危险化学品及其他易燃、可燃物。危险化学品及其他易燃、可燃物距离变压器应不小于 30 m。裸导线严禁跨越危险性场所范围，若沿该场所平行架设时，应符合下列要求：

(1) 500 V 以下架空电线与危险性场所边缘的水平距离不小于电杆高度的 1.5 倍。

(2) 10 kV 及以下架空电线与危险性场所边缘的水平距离不小于本线路的杆档距离，且最小距离不得小于 30 m。

(3) 35 kV 及以下架空电线与危险性场所边缘的水平

距离不小于本线路的杆档距离，且最小距离不得小于150 m。

（4）在特殊情况下采取有效措施后，可适当减小以上距离，但在危险区域范围内架空线路的电杆上，不得安装易发生火花的设备。

10. 车站的电气设备，必须由持证的电工进行安装、检查和维修保养。电工应当严格遵守各项电气操作规程，禁止使用不合规格的保险装置，电气设备和电线不准超过安全负荷。仓库工作结束时，必须切断电源。

（二）重点场所电气防火

1. 信号楼及信号设备

（1）机械室、发电机室内不得存放易燃、可燃液体。需在邻近的房间内存放生产中必须使用的少量易燃、可燃液体时，应严格限制其储存量。在机械室内严禁使用易燃液体擦刷地板。

（2）机械室内不得进行清洗设备的操作。在机械室内用汽油等少量易燃液体擦拭接点时，应在设备不带电的情况下进行。如果擦拭时设备带电，则应有可靠的防火措施。要用塑料小瓶盛装汽油，防止其大量挥发。所使用的刷子的铁质部分，应用绝缘材料包严，防止碰到设备上短路打火，引起汽油起火。

（3）机械室内要尽量减少可燃物。拖把、扫帚、地板蜡等应放在固定的安全地点。在机械室、计算机室、操作室内严禁吸烟。在电气开关、插入式熔断器、插座附近和下方，以及电源线附近，不得堆放纸条、纸张等可燃物。

（4）各种信号设备的保护装置和报警设备应灵敏可靠，

要经常检查维修。例如，熔丝熔断应及时查清原因，整修后再安装熔丝。

（5）信号楼内电缆槽应采用防火型盖板。信号机、箱、盒等室外信号器材和信号机械室内的防雷器材，其盒体均应采用不燃烧材料。

（6）信号楼内设备及线路应符合以下要求：

①按最大负载电流来选配电源导线和开关。

②电缆敷设应采用金属套管或选用阻燃电缆。

③电气设备和线路、开关的设置应避开可燃物质。

④电力、信号电缆穿过房间隔墙、楼板时，电缆应采用防火包带包扎，孔洞应采用防火堵料封堵。

⑤电缆应敷设在电缆沟内，并有封堵措施，防止老鼠等小动物进入。

⑥地表走线部位，应采取防护措施予以垫衬，防止机械性损伤。

⑦电气设备应有良好的接地装置。

⑧操作室如使用空调机，应安装插入式熔断器。熔断器和插座不应靠近窗帘，附近不应堆放可燃物。电源线应采用护套线或普通电线穿管，并不得靠近暖气管。

（7）信号楼外设备及线路应符合以下要求：

①引入线及配线不破皮、不老化、不漏胶。

②配线整齐，绑扎良好，留有余量。

③电线无伤痕，焊头焊接牢固（焊接时禁止使用腐蚀性焊剂）。

④多股线与端子连接时，线头采用爪型线环或扎成环状，并垫以垫圈，线头根部套以塑料管。

⑤一个端子柱上，最多允许接上三个线头并用垫圈隔开。

⑥每个端子柱的上部，应用两个螺帽紧固。

⑦引入、引出口处要堵塞良好，保持完整清洁，预防动物寄生。

⑧自信号楼方向引来的电缆进入电缆盒主管，其他方向引来的电缆进入副管，并应尽量采取不使线位搞错的措施。

⑨信号机、电锁器、电动转辙机的引入线应采用多股软线，中间不得有接头。引入线应采用蛇管或橡皮管引入，并在引入口处用胶带或塑料带包扎防护。臂板信号机、表示器的引入线采用橡皮或塑料电缆，引出口处须用胶带或塑料带包扎。

2. 电力变、配电所

(1) 所用电变压器宜采用干式变压器；设于多层或高层主体建筑物内的变电所、环境恶劣或易发生火灾的场所，亦宜采用干式变压器；400 kVA 以上的干式变压器宜选用带温控功能的产品。

(2) 高压开关柜柜顶裸母线至天花板的最小距离为 900 mm，裸母线至梁底最小电气的安全距离为 300 mm。高压开关柜柜顶为裸母线分段时，两段母线分段处宜装设绝缘隔板，其高度不应小于 0.5 m。

(3) 室内变电所的每台油量为 100 kg 以上的三相变压器或调压器，应设在单独的防爆间内。

(4) 油重均为 2 500 kg 以上的屋外油浸变压器之间无防火墙时，其最小防火净距应符合表 2-13 的规定。

表 2-13 油浸变压器的最小防火净距

电压等级/kV	最小防火净距/m
35 及以下	5
66	6
110	8

（三）防爆、防静电、防雷

铁路生产场所的爆炸和火灾危险环境的等级分区按表 2-4 所示要求划分，并根据其区域类别、等级，做好爆炸和火灾危险环境电气设备的选择，防止发生爆炸和火灾事故。

危险货物仓库、油库的电气装置，应符合《爆炸危险环境电力装置设计规范》（GB 50058）的规定。装卸油品的设施、油罐等防雷和防静电接地装置应符合《石油库设计规范》（GB 50074）及其他相关消防技术标准规范的有关规定。货场必须按国家有关防雷设计安装规范的规定设置防雷装置，所有堆垛全部置于防护范围之内，并定期检测，保证有效。

机务段、车辆段、动车段（所）、大型养路机械段的装卸油品设施（钢轨、输油管道、油罐、油泵房、鹤管、钢栈桥等）和洗罐所的洗罐棚（库）、油泵间、输油管道、储油设施等应设防雷和防静电装置。机电设备和电器应选用防爆产品。

危险货物装卸作业使用的照明设备必须具有防爆性能。存放在化学易燃、易爆物品危险区域内的设备，如有可能产生静电的应安装可靠的接地装置。

油库防静电接地装置的接地电阻，不宜大于 100 Ω。油库内防雷接地、防静电接地、电气设备的工作接地、保护接地及信息系统的接地等，宜共用接地装置，其接地电阻不应大于 4 Ω。钢油罐必须做防雷接地，接地点不应少于 2 处。通过防雷接地降低雷击点的电位、反击电位和跨步电压。钢油罐接地点沿油罐周长的间距，不宜大于 30 m，接地电阻不宜大于 10 Ω。

凡与交流电源线、架空线及轨道连接的信号设备均应装有雷电防护设施，并应符合下列条件：

（1）防护电路应将雷电感应过电压限制到被防护设备的冲击耐压水平以下。

（2）正常情况下，防护电路不得影响被防护设备的工作。

（3）采用多级防护时，各级防护元件要合理配置。

（4）信号设备的防雷地线不应与电力系统、通信线路、房屋建筑的接地装置合用，当两个系统接地装置的接地体之间的距离达不到有关规定的要求时，应进行绝缘防护。

（5）室内信号设备的防雷设施应集中设置，并宜与其他信号设备隔离。

第三章　铁路消防安全管理及应急处置

第一节　铁路消防安全管理基本规定

1. 消防安全责任人、消防安全管理人应定期接受消防安全专门培训。

国铁集团所属各单位应对职工经常性开展消防安全知识培训教育。定期对专（兼）职消防管理人员和消防设施操作人员，电工、电气焊等特种作业人员，易燃易爆岗位作业人员，旅客列车工作人员，以及车站客货运工作人员、机车乘务员等进行消防安全培训，达到“四懂四会”，即：懂得本岗位的火灾危险性、懂得预防火灾的措施、懂得扑救火灾的方法、懂得逃生的方法，会使用消防器材、会报警、会扑救初起火灾、会组织疏散逃生，经考试合格后方可上岗。

新职工、其他从业人员和改变工种人员应经过消防安全知识教育，经考试合格后方可上岗。

进行电焊、气割等具有火灾危险作业的人员必须持证上岗，并遵守消防安全操作规程。

2. 消防设备设施应明确管理分界，落实巡查、检测、维修、保养等有关要求，确保消防设施完好有效。建筑消防设施每年应至少进行一次全面检测，检测记录应当完整准确、存档备查。

3. 具有火灾、爆炸危险的场所应设置明显的警示标志，禁止吸烟、使用明火。

4. 铁路货场、仓库、油库、人员密集场所、重点行车场所，以及其他具有火灾、爆炸危险的场所需动用明火作业时，应办理动火审批手续，人员密集场所须经本单位消防安全责任人同意，其他场所须经消防安全管理人同意。明火作业时应派人监护，采取划定区域、配备灭火器材等消防安全措施，作业结束后作业人员、监护人员共同确认安全后方可离开。

人员密集场所在营业时间禁止进行动火作业，确需动火作业时，应按《人员密集场所消防安全管理》(GB/T 40248)相关规定执行。

5. 消防控制室实行 24 h 值班制度，每班不少于 2 人，并持证上岗。

6. 具有两个及以上消防控制室时，应确定主消防控制室和分消防控制室。主消防控制室的消防设备应对系统内共用的消防设备进行控制，并显示其状态信息；主消防控制室内的消防设备应能显示各分消防控制室内消防设备的状态信息，并可对分消防控制室内的消防设备及其控制的消防系统和设备进行控制。

7. 单一功能的消防控制室严禁穿过与消防设施无关的电气线路及管路。经住房和城乡建设主管部门消防设计审查或备案同意，车站消防控制室可与有效帮助消防值班人员快速确认火情及指导灭火救援的安防关联系统（综控室）合用，其防火等级、内部装饰、线路布设等应满足《建筑设计防火规范》《火灾自动报警系统设计规范》《消防控制室通用技术要求》等防火技术要求。

8. 各单位应有计划地逐步改善消防基础设施，适应预防和扑救火灾以及人员疏散的需要。对不符合国家和行业有关消防技术标准的消防设施，应制定整改计划，逐步完善。

9. 新造机车、客车、动车组，各种试验、检测等特种车辆及自轮运转特种设备，应通过采用新技术、新设备、新工艺，提高抗御火灾能力。

机车、客车、动车组，各种试验、检测等特种车辆及自轮运转特种设备选用的结构、保温、绝缘、装饰、涂料等非金属材料应采用不燃或难燃材料，其燃烧性能、产烟毒性应符合国家和行业有关技术标准。电气线路敷设、电气设备选用和安装应符合相关防火技术要求。

10. 机车、客车、动车组、发电车及其他特种车辆应配备火灾自动报警装置。客车、动车组应按规定配备灭火和逃生器材，并保持完好有效。

机车、客车、动车组、发电车及其他特种车辆配备的火灾自动报警和自动灭火装置应按照有关规定定期进行检测。

11. 运营客车改造为工务宿营车等局管路用车辆时，其内部间隔材料应采用不燃或难燃材料，用火用电应执行客车有关消防安全规定。严禁乱拉乱接电气线路，严禁违章使用电热器具。严禁在车内吸烟和明火照明、取暖，点蚊香等应采取防火安全措施。

局管路用车、自轮运转特种设备的消防安全管理由其主管部门制定相关管理规定。

12. 铁路轮渡及供氧客车消防安全管理由铁路局集团公司自定。

13. 各单位应加强铁路特长隧道、地下及水下隧道、地下车站、特大型旅客车站，以及动车组检修库等特殊场所的消防安全管理，制定完善相关标准，提高应急处置能力。

第二节　动车组旅客列车消防安全管理及应急处置

一、动车组旅客列车火灾成因

1. 违规操作、维护不当或电气故障引起电气火灾。动车组电气系统包括牵引传动系统和辅助供电系统。牵引传动系统主要有主电路、高压设备、受电弓、主断路器、主变压器、牵引变流器、牵引电机及电传动系统的保护装置等，有的动车组的主变压器是油浸变压器；辅助供电系统主要有空调压缩机、冷却通风机、油泵电机、水泵电机、空气调节系统、采暖设备、照明设备、旅客服务设备、应急通风装置及维修用电等，辅助供电系统还具备应急供电功能。由于电路复杂，电器设备多，因而电气起火因素增多。电热设备在采暖、烹饪时出现故障产生高温也能引燃周围的可燃物。

2. 旅客携带易燃易爆危险品被引燃造成火灾。

3. 吸烟丢弃的未熄灭烟蒂引燃可燃物。烟蒂不仅能够引燃车厢内的可燃物质，旅客从站台扔下的未熄灭的烟蒂被动车组车厢底部的空调滤清器引入，也可能引起滤清器燃烧。

4. 车轮制动盘摩擦生热引燃周围可燃物。如车轮轮盘制动夹钳等装置发生故障不缓解抱闸，在列车高速运行的状态下，产生高温和火星，周围有可燃物时就会被引燃而造成火灾。

5. 人为弄火引起火灾。例如，精神异常人员点燃行李、窗帘，儿童玩火，犯罪分子纵火，等等。

二、动车组旅客列车火灾特点

动车组在高速运行状态下，对机械、电气装置及材料的防火要求都比较高，各种装置的松动、异常都易导致起火。在与普通列车同样功能的装置和同样的防护条件下，动车组更易出现故障而导致起火。

动车组是高科技产品，集新技术、新工艺、新材料、新结构于一体，自身价值昂贵，发生火灾后将造成巨大的经济损失。

动车组高速行驶时，导致附近产生空气运动，即列车风。车速更高时，风速随之增长。通过隧道时，在隧道中所引起的纵向气流速度与列车速度成正比。列车风易使人员和设备失去平衡或吹落，造成意外事故引起火灾。而且，列车风使邻近的火种获得充足燃烧条件，使潜在的危险得以暴发。

动车组发生火灾时，由于动车组采用密接式车钩缓冲装置，无法摘解，或摘解时间长，火势能够沿着车厢延伸扩大。而且旅客必须及时疏散，否则当旅客携带的可燃行李被引燃时，会对人们的生命安全构成威胁。

在客货混跑繁忙干线开行的动车组列车，列车密度大，行车组织难，一旦发生火灾造成行车中断，将严重干扰铁路正常运输生产秩序。高速铁路又与地区经济的发展和城市化进程有着密切的联系，对经济发达、人口密集地区的作用尤为突出。因此，动车组火灾不仅是自身的损失，也会引发重大的社会影响。

三、动车组旅客列车消防安全管理

（一）消防安全管理方针及原则

动车组旅客列车消防安全管理贯彻“预防为主，防消结合”的方针，按照“国铁集团统一领导，所属单位全面负责，职工群众积极参与”的原则，严格落实“管行业必须管安全、管业务必须管安全、管生产经营必须管安全”，以及“领导负责、分工负责、专业负责、岗位负责”的要求，实行消防安全责任制。

（二）消防安全管理职责

1. 动车组旅客列车的消防安全管理，由客运、车辆、机务等部门负责。各铁路局集团公司应认真贯彻执行消防法律法规、行政规章和国铁集团有关规定，制定动车组旅客列车消防管理制度及动车组旅客列车火灾事故应急预案，落实逐级消防安全责任制和岗位消防安全责任制，定期开展消防安全检查，及时发现和整改火灾隐患，组织消防安全教育培训，提高火灾预防和处置能力。

2. 客运部门职责：

（1）建立健全并组织实施客运专业的岗位消防安全责任制、消防安全管理制度。

（2）组织客运专业开展消防安全检查，督促有关单位落实火灾隐患整改措施。

（3）对客运工作人员进行消防安全培训。

（4）组织客运工作人员开展上部客服设施状态检查。

（5）按规定组织动车组旅客列车运行途中防火巡查，对发现的可疑物品及时检查处置。

（6）采取多种形式向旅客开展消防安全注意事项和禁烟宣传工作。

（7）负责动车组旅客列车运行途中火灾现场旅客的应急疏散组织工作。

（8）参与动车组旅客列车火灾（情）事故（件）的内部调查处理。

3. 车辆部门职责：

（1）建立健全并组织实施车辆专业的岗位消防安全责任制、消防安全管理制度。

（2）定期组织开展动车组旅客列车消防安全检查。

（3）负责动车组旅客列车设备检修，确保达到出库质量标准。组织出库联检，检查确认设备状态，消除火灾隐患。

（4）开展动车组旅客列车运行途中防火巡查和终到后的安全检查、交接。

（5）对车辆工作人员进行消防安全培训。

（6）负责动车组旅客列车消防设施、器材的配备和维护管理。

（7）开展消防技术攻关，改进动车组车辆设备的消防安全技术条件。

（8）配合做好旅客应急疏散和组织工作。

（9）参与动车组旅客列车火灾（情）事故（件）的内部调查处理。

4. 机务部门职责：

（1）建立健全并组织实施机务专业的岗位消防安全责任制、消防安全管理制度。

（2）加强对司机室的消防安全管理。

（3）组织机务工作人员参加联检交接。

（4）组织本务司机终到后（入所时为入所后）参加司机室安全检查并与动车组运用所地勤司机办理交接。

（5）对机务工作人员进行消防安全培训。

（6）配合做好旅客应急疏散和组织工作。

（7）参与动车组旅客列车火灾（情）事故（件）的内部调查处理。

5. 安全监察部门职责：

（1）依据消防法律法规和有关规定对动车组旅客列车消防安全工作实施监督检查，查处违章违纪行为，督促火灾隐患整改。

（2）监督检查有关部门和单位动车组旅客列车消防安全责任制、消防安全管理制度的落实情况。

（3）监督检查有关部门和单位对动车组旅客列车相关工作人员消防安全教育培训的落实情况。

（4）组织动车组旅客列车火灾（情）事故（件）的内部调查处理。

6. 保卫部门职责：

（1）组织指导客运、车辆、机务等部门制定有关动车组旅客列车消防管理制度，并督促落实。

（2）参与动车组旅客列车火灾（情）事故（件）的内部调查处理。

（三）消防组织和岗位职责

1. 动车组旅客列车运行途中的消防安全工作在列车长的统一领导下，实行岗位消防安全责任制。

2. 动车组旅客列车运行途中应建立由列车长为组长，本务司机、随车机械师、客运乘务员、餐饮服务和随车保洁员等为成员的消防安全小组，履行下列职责：

（1）认真贯彻执行上级有关消防工作的规定和工作部署。

（2）按分工分别组织乘务人员认真学习消防知识，达到“四懂四会”（懂得本岗位的火灾危险性、懂得预防火灾的措施、懂得扑救火灾的方法、懂得逃生的方法，会使用消防器材、会报警、会扑救初起火灾、会组织疏散逃生）。

（3）按岗位职责落实消防安全管理制度，督促乘务人员落实岗位消防安全责任制，及时消除火灾隐患。

（4）向旅客开展消防安全注意事项和禁烟宣传，对发现的可疑物品及时检查处置。

（5）动车组旅客列车发生火情及火灾、爆炸时，按照《铁路技术管理规程》和铁路火灾事故应急预案、高速铁路客运非正常情况应急处置办法等有关规定进行处置。

（6）建立动车组旅客列车消防安全台账。

3. 动车组旅客列车消防安全台账由列车长负责填写和管理，台账在车队存放，主要包括以下内容：

（1）上级有关消防工作的文件（复印件或摘抄件）。

（2）动车组旅客列车消防安全小组名单。

（3）火灾事故应急预案及人员分工。

（4）消防安全小组会议记录和活动记录。

（5）客运乘务人员消防安全培训记录。

4. 列车长岗位消防安全职责：

（1）全面负责动车组旅客列车运行途中的消防安全管理工作，贯彻上级有关消防工作部署和要求。

（2）主持召开由随车机械师、客运乘务员、服务餐饮、随车保洁员等参加的消防安全小组会议，总结分析、安排布置动车组旅客列车运行途中的消防工作。

（3）检查督促客运乘务人员落实岗位消防安全责任制。

（4）组织客运乘务人员学习消防知识，达到“四懂四会”。

（5）动车组旅客列车运行途中按规定每 2 h 进行一次防火巡查，发现隐患及时妥善处置，劝阻违反消防安全行为。

（6）采取多种形式向旅客开展消防安全注意事项和禁烟宣传，对发现的可疑物品及时检查处置，组织乘务人员及时劝阻旅客吸烟行为，并按规定报告。

（7）动车组旅客列车发生火情及火灾、爆炸时，按照《铁路技术管理规程》和铁路火灾事故应急预案、高速铁路客运非正常情况应急处置办法等有关规定进行处置。

5. 司机岗位消防安全职责：

（1）认真执行操作规程，熟练掌握动车组旅客列车设备的性能和应急处置方法。

（2）出库前做好联检交接。

（3）动车组旅客列车运行途中做好电气设备、火灾自动报警控制设备的监控，发现报警按规定程序处置。

（4）动车组旅客列车发生火情及火灾、爆炸时，按照《铁路技术管理规程》和铁路火灾事故应急预案、高速铁路客运非正常情况应急处置办法等有关规定进行处置。

（5）学习消防知识，达到“四懂四会”。

（6）做好退乘前对司机室的安全检查和交接。

6. 随车机械师岗位消防安全职责：

（1）出库前按照作业标准检查确认电气、消防设施和器材的状态。

（2）动车组旅客列车运行途中按规定每 2 h 进行一次防火巡查，巡视、检查车辆电气、火灾自动报警控制器等设备，发现隐患故障及时妥善处置。

（3）动车组旅客列车发生火情及火灾、爆炸时，按照《铁路技术管理规程》和铁路火灾事故应急预案、高速铁路客运非正常情况应急处置办法等有关规定进行处置。

（4）按规定操作动车组旅客列车设备，指导客运乘务人员正确使用车辆设备，发现违章操作及时纠正。

（5）学习消防知识，达到“四懂四会”。

（6）做好动车组旅客列车终到后的安全检查和交接。

7. 客运乘务员岗位消防安全职责：

（1）严格遵守动车组旅客列车消防安全规章制度，坚守岗位，落实岗位消防安全责任。

（2）在动车组旅客列车运行途中发现火灾报警及设备故障，及时向列车长或随车机械师报告。

（3）认真巡视车厢，发现旅客吸烟及时劝阻，并按规定报告。

（4）对发现的可疑物品及时检查处置。

（5）学习消防知识，达到“四懂四会”。

（6）动车组旅客列车发生火情及火灾、爆炸时，按照

《铁路技术管理规程》和铁路火灾事故应急预案、高速铁路客运非正常情况应急处置办法等有关规定进行处置。

8. 餐饮服务、随车保洁员岗位消防安全职责：

(1) 遵守动车组旅客列车消防管理规定，落实岗位消防安全责任，严格按操作规程使用电器设备。

(2) 发现消防安全隐患问题立即采取措施，并及时报告乘务人员。

(3) 学习消防知识，达到“四懂四会”。

(4) 动车组旅客列车发生火情及火灾、爆炸时，按照《铁路技术管理规程》和铁路火灾事故应急预案、高速铁路客运非正常情况应急处置办法等有关规定进行处置。

四、动车组旅客列车火灾预防

1. 动车组采用的非金属材料（结构材料、装饰材料、保温材料、密封材料、管材等）必须是不燃、难燃材料，其燃烧性能和产烟毒性必须符合国家、行业和国铁集团有关技术标准。

2. 动车组电气设备、消防设施和器材、非金属材料所采用的产品应是经国家有关部门鉴定合格的产品。

3. 动车组的电气绝缘、防雷、电气接地、漏电、过流、过热、防水防潮保护及线路敷设、连接应符合国家、行业和国铁集团有关技术标准。

4. 严格执行上部设备设施状态检查制度。动车组旅客列车出库、终到后上部设备设施状态检查时，应对电气设备、消防设施和器材等设备及各部位的消防安全状况进行全面检查，确认状态良好。

5. 乘务人员应严格标准化作业，认真执行岗位消防安全责任制。

6. 动车组旅客列车全列各部位禁止吸烟。车厢内、卫生间应设置禁止吸烟标志。

7. 应通过图形标志、电子显示、广播宣传等方式，向旅客进行禁止吸烟、严禁携带禁限物品，以及逃生知识、灭火器和紧急破窗锤使用方法等消防安全知识宣传。

8. 各铁路局集团公司应制定动车组旅客列车消防设施、电气装置的操作规程。

9. 对担当动车组旅客列车乘务的工作人员进行消防安全培训，熟悉新技术新设备的性能，掌握各岗位消防安全职责和消防知识技能，经考试合格后方可上岗。

10. 配电柜、箱体无破损，锁闭状态良好，保持清洁无杂物。电器元件安装牢固、接线及插座无松动，按钮开关、指示灯作用良好。

11. 严禁乱拉电线和违章安装、更换电气装置、元件。严禁擅自使用电热器具等电器。

12. 餐车配备的冰箱、电烤箱、微波炉、电磁炉等电器及各车厢的电茶炉插座、插头安装牢固，保持清洁，周围不得放置杂物。餐饮炉具使用时，应有人监管，用后清洁，餐车离人断电。

13. 火灾自动报警系统应定期检测、维修，保持作用良好。配置列车内部无线对讲机，保证不间断使用及状态良好。

14. 乘务人员应严格遵守电气设备、消防设施操作规程，加强巡检，发现故障及时处置。

15. 各车厢应配备手提式 2 kg ABC 干粉灭火器和 2 L 水基型灭火器各 2 具，应设置在车厢两端适当位置，安装牢固，便于取用。司机室按照动车组设计的灭火器固定安装位置，配备相应规格型号的灭火器。

16. 加强灭火器日常管理，保证处于良好状态。灭火器应保持清洁，严禁搭挂物品，严禁挪作他用。

17. 灭火器应按国家有关标准要求定期维护、维修和报废。

18. 在列车上查获的禁限物品由列车工作人员妥善保管，并根据物品性质按站车交接程序向前方停车站或车站派出所移交。对判明不了性质的物品，严禁在车上进行试验。

19. 严禁用水冲刷地板和电气设备。

20. 动车组旅客列车运行途经的铁路沿线各车站、长大隧道及隧道群设置的紧急救援站、动车组运用所，应加强消防设施建设，具备扑救动车组旅客列车火灾能力。

21. 各铁路局集团公司应加强动车组旅客列车消防安全检查，及时发现和消除火灾隐患，确保动车组旅客列车消防安全。

五、动车组旅客列车火灾应急处置

1. 各铁路局集团公司和有关单位应制定《动车组火灾事故应急预案》《车站处置动车组火灾事故应急预案》，定期组织培训演练，提高处置能力。

2. 动车组旅客列车发生火灾时，事故现场的铁路工作人员应立即向邻近铁路车站、列车调度员报告，拨打 119 报警。各有关单位和部门接到报告后，应按规定逐级上报，迅速有效进行处置。应急处置的基本要求是：

（1）快速反应。动车组火灾报警器报警或乘务人员、旅客报警时，列车长、客运乘务员和随车机械师要立即赶到报警车厢，确认火情，迅速扑救。

（2）正确处置。动车组旅客列车发生火情及火灾、爆炸时，按照《铁路技术管理规程》和铁路火灾事故应急预案、高速铁路客运非正常情况应急处置办法等有关规定进行处置。

（3）站车协同。车站接到动车组旅客列车火灾报告后，立即启动车站处置动车组旅客列车火灾事故应急预案，做好扑救准备，同时拨打 119 报警，并根据人员伤情适时拨打 120 医疗救援电话。车站接入起火动车组旅客列车后迅速组织扑救，疏散旅客，抢救伤员。动车组旅客列车在区间被迫停车时，车站应组织站区相关单位人员携带消防器材立即赶赴现场救援。

（4）保护现场。在扑救火灾的同时，铁路工作人员应维护现场秩序，防止发生混乱，禁止无关人员进入，保护火灾现场。未经事故调查部门同意不得擅自清理火灾现场。

（5）协助查访。铁路工作人员应协助事故调查部门调查火灾情况，积极提供线索。

3. 重联动车组旅客列车发生火灾需解编时，由随车机械师负责引导，司机确认并拉开安全距离。解编后，动车组应分别按规定采取防溜措施。

4. 起火动车组旅客列车在区间停车时的扑救工作，在邻近车站站长（或胜任人员）和消防救援机构赶到前，由列车长负责组织。火灾扑灭后，列车长、随车机械师要对起火部位进行检查，确认火已完全熄灭，在确保安全的情况下，可继续运行。

动车组旅客列车在车站发生火灾或起火动车组旅客列车进站后，车站站长（或胜任人员）应组织指挥火灾事故应急处置，并立即启动车站处置动车组旅客列车火灾事故应急预案。消防救援机构到达后，火灾扑救工作由其统一指挥。

5. 各有关单位和部门接到事故报告后，应立即按照预案响应程序，组织力量、调集救援物资装备赶赴现场，各尽其职，各负其责，保证事故救援有序、高效、快速进行。

六、动车组旅客列车火灾事故应急预案

（一）发生初起火情应急预案

列车初起火情一般指初起烟火局限在较小范围内，使用灭火器等手段能及时扑灭或有效控制不致蔓延的火情。

1. 乘务员要沉着冷静，稳定旅客情绪，加强引导，迅速向两侧邻座、邻车厢疏散旅客，防止旅客擅自开窗开门跳车。

2. 视火情立即使用灭火器或水等进行扑救，来不及取灭火器时，就地取材实施灭火，同时通知邻近各车厢列车员迅速向起火车厢传递灭火器。

3. 及时通过邻车乘务员通知列车长、乘警、检车员（随车机械师）赶赴火场。

4. 列车长应立即向上级机关和列车调度员报告事故情况。

（二）发生火灾、爆炸应急预案

1. 运行途中的处置

（1）最先发现、到达现场的乘务人员应立即采取有效措

施灭火，列车长组织全体乘务人员参加扑救，动车组司机坚守岗位，协同处理。

动车组旅客列车发生火灾、爆炸事故或火警报警装置报警时，最先发现、到达现场的乘务人员应立即使用灭火器（宜先用水雾灭火器）或可以灭火的物品迅速扑救。同时应立即按动火灾报警按钮和使用无线对讲机报告列车长。列车长组织全体乘务人员参加扑救，全体乘务人员立即携带灭火器到达现场实施扑救，同时，列车长应将现场情况向段指挥中心汇报。动车组司机立即停止车内通风，坚守岗位，做好停车等准备工作。

（2）接到列车长通知后的全体乘务人员，在列车长、乘警的统一指挥下，根据火情采取相应措施，疏散旅客，全力扑救，抢救伤员。

在列车长、乘警的统一指挥下，应本着先人员后财产的原则，有序组织乘务人员集中车内所有的灭火器材和可以灭火的其他物品，按预案分工，根据火灾现场实际情况，采取有效的灭火方案和扑救措施迅速展开扑救，控制火势，扑灭火源。

如衣物、棉絮、地板上的杂物等发生火情时，应首先选择用水或就地取材的方式扑救，不得击碎车窗通风，需使用灭火器时，应果断使用，以免延误扑救时机；电源支线处冒烟时，首先关闭电源或断开保险，使用水雾灭火器向冒烟或烧坏处扑救。根据需要动车组司机向调度员要求停电。

在扑救的同时，乘务人员应迅速有序指挥旅客向邻近安全的车厢疏散，解救被火围困的旅客。对已经疏散的旅客，严禁返回事故车厢，根据旅客伤害程度及是否危及生命的情况，有计划地实施抢救，对仍处在危险中的旅客要首先抢救使其脱离险境。组织人员、动员旅客中的医护人员参加抢救伤员，对伤员要根据具体情况采取止血简易固定、包扎等初期现场救护措施，为医院救治创造条件。加强宣传，维持好现场秩序，防止旅客砸窗跳车和混乱等意外情况发生。火情处理完毕后，指派专人监护，防止复燃。

（3）列车长根据扑救情况决定是否停车处置、请求救援，及时汇报。

列车长要迅速了解起火原因，正确判断火势情况，根据火灾、爆炸威胁行车和旅客人身安全的情况，及时做出是否需要停车处置的决定，危害程度较轻时，不应盲目停车。如需停车处置时，列车长可使用无线对讲机通知动车组司机，立即将列车停在安全、便于疏散、有利于扑救火灾的地带或车站。

动车组司机及时报告所在局客专调度台。动车组旅客列车在区间被迫停车后，客运乘务组均应听从动车组司机指挥，处理有关行车、列车防护和事故救援等事宜。需下车处理或组织旅客疏散时由列车长向司机汇报，司机向所在局客专调度台汇报，接令后司机向列车长进行命令复述后，必须在办理邻线区间封闭后进行。

列车长和动车组司机要尽快向事故发生地所在局客专调度台报告情况，根据火势情况，提出请求车站、当地消防部门或当地政府、驻军救援的要求。报告内容要简明扼要，主要包括车次、时间、区间、事故概括，火势情况要报告清楚。

2. 停车后的处置

(1) 停车后，列车长应立即向指挥中心汇报。动车组旅客列车在区间被迫停车后，随车机械师、客运乘务组均应听从动车组司机指挥，处理有关行车、列车防护和事故救援等事宜。需下车处理或组织旅客疏散时，必须在办理邻线区间封闭后进行，列车长应按照司机复述所在局客专调度命令将旅客疏散到指定的安全地带。

(2) 向邻近车厢、地面安全疏散旅客，同时采取措施，减少火灾危害程度。

列车停车后动车组司机立即打开非邻线侧车门或由随车机械师、乘务人员启动非邻线侧车门紧急开门装置打开车门，向地面安全地带疏散旅客。车内产生浓烟危及人员生命安全时，应立即使用安全锤击碎逃生窗玻璃，保持车内通风，必要时可利用非邻线侧逃生窗作为紧急出口，向地面疏散旅客（车内产生烟雾不危及人员生命安全，可提醒旅客将座椅上的头靠巾打湿捂住口鼻）。列车乘务员在动车组旅客列车停车后也应迅速到达起火车厢参加疏散旅客、扑救灭火工作。

扑救时要集中所有人力和灭火器具、物品，将火势扑灭或控制在最小程度。

(3) 采取有效防护措施，保证旅客生命、财产安全。

动车组旅客列车在区间被迫停车后，随车机械师、客运乘务组均应听从动车组司机指挥，处理有关行车、列车防护和事故救援等事宜。需下车处理或组织旅客疏散时，必须在办理邻线区间封闭后进行，旅客疏散方向和安全地点以司机复述的所在局客专调度命令为准。

在区间向车下疏散旅客时，乘务人员应组织、引导、帮扶旅客有序疏散，防止摔伤。当区间无站台疏散时，可利用列车应急梯组织旅客顺序下车，在车站疏散旅客时，应打开站台一侧车门疏散旅客，严禁打开背面车门组织旅客下车。遇重联编组时在司机统一指挥下按单编程序操作。

（4）保护现场，协助救援部门灭火。

列车乘警要采取措施，维护现场秩序，防止发生混乱，视情况设置警戒区，禁止实施救援以外的人员进入现场，不得擅自移动现场任何物品，对事故现场痕迹、物证有关证据材料要采取有效措施妥善保护。

列车乘务人员在扑救火灾的同时，要配合乘警工作，注意保护好火灾现场，采取多种形式做好宣传工作，稳定旅客情绪，共同维护现场秩序以免发生混乱。在有条件的情况下，应尽可能地对旅客车票及联系方式进行登记，以备查证。

救援部门到达后，列车长要详细介绍火灾爆炸原因、火势、人员伤亡、疏散情况，协助救援部门开展施救。

3. 站车交接处置

（1）疏散旅客。动车组旅客列车到达车站后，打开车门，列车乘务人员协助车站将旅客疏散下车，及时安置到候车室或其他安全地带避险。

（2）对重点旅客站车应及时办理交接。

4. 善后处置

（1）了解掌握旅客伤亡、财产损失情况。列车长要认真了解伤员人数及伤害程度，登记旅客姓名、性别、年龄、单位、地址、车票、身份证号码、其他证件及随身携带物品，并详细记录，为车站处置善后事宜提供依据、做好准备。

（2）收集证据，提供线索，帮助公安部门调查。列车乘警要及时进行调查取证，证据材料要客观、翔实，为现场勘察、认定火灾原因创造有利条件。列车乘务人员要积极协助公安部门调查事故情况、提供线索。

（3）协助车站处置善后事宜。列车长要将掌握的伤亡人员和旅客财产损失情况及相关记录，及时移交车站，以便车站尽快开展善后处理事宜。

（三）在特大桥梁发生火灾、爆炸应急预案

动车组旅客列车在特大桥梁发生火灾、爆炸时，列车乘务员应立即按下火灾报警按钮，使用无线对讲机将情况报告列车长，全体乘务人员就近携带灭火器（宜先用水雾灭火器）迅速到达现场实施扑救。

接到火灾警报，列车长立即赶赴火灾现场，在第一时间向动车组司机报告，同时，指挥在场的乘务组人员迅速组织旅客离开起火车厢，并根据火灾现场实际情况，利用灭火器和可以灭火的其他物品，采取有效的灭火方案和扑救措施迅速扑救、控制火势。已经疏散的旅客，严禁返回起火车厢。

起火车厢旅客全部疏散完毕后，随车机械师、乘务人员互相配合，迅速关闭起火车厢两端防火隔断门。严禁打开起火车厢车窗、车门，防止火势迅速蔓延。同时，注意保护好火灾现场，稳定旅客情绪，维护车内秩序，防止旅客跳车等意外情况发生（由于疏散旅客将烟雾带至其他车厢时，可提醒旅客将座椅上的头靠巾打湿捂住口鼻）。

情况紧急需利用逃生窗向地面疏散旅客时，列车乘务人员应立即使用安全锤击碎逃生窗玻璃（每辆客车室内四角各设置一个逃生窗，用安全锤连续敲击逃生窗上的红色圆点），在确认邻线无车通过，并做好安全防护后，开始向地面组织旅客疏散。疏散时，列车长和机械师要按照有关规定，在列车两端适当位置架设应急梯，并设专人在应急梯放置处所进行防护，组织旅客顺序从应急梯向车下转移、集结，防止旅客摔伤。

动车组旅客列车不能继续运行，现场危及旅客安全，需引导旅客下桥梁疏散时，列车长接到司机转告客专调度员通知的现场疏散梯的位置、方向、距离，由列车长（或列车长指定的动车组乘务员）携带通信设备，随时保持与司机联系，组织旅客顺着起火车厢的反方向，向高架桥指定疏散梯处疏散。公安民警要做好事故现场的安全保卫工作。

在疏散旅客、扑救火灾的同时，列车长组织乘务人员和旅客中的医护人员积极抢救伤员，对伤势较重的旅客要先行抢救，对伤员要根据具体情况采取止血、简易固定、包扎等初期现场救护措施，为医院救治创造条件。

乘警、列车长采取积极措施，维护现场秩序，防止发生混乱，视情况设置警戒区，并禁止实施救援以外的人员进入现场，不得擅自移动现场任何物品。对事故现场痕迹、物证、有关证据材料要采取有效措施妥善保护。走访第一发现人、起火部位邻近人，调查取证，追查当事人，初步认定火灾原因。

在应急救援和公安消防部门到达前，火灾扑救工作由列车长和乘警组织指挥，其他人员应密切配合。救援部门到达后，列车长要详细汇报火灾爆炸原因、火势、人员伤亡、疏散情况，协助救援部门灭火。火灾扑灭后，列车长、乘警、机械师要对起火部位全面检查、确认隐患已排除，可以继续运行时，由随车机械师将情况报告司机。

在善后处理过程中，列车长认真了解伤员情况和伤害程度，登记旅客姓名、性别、年龄、单位、地址、车票、身份证号码（或其他证件）及随身携带物品，编制客运记录与处理车站办好交接。区间停车处理完毕后需恢复行车时，列车乘务组确认线路上人员清理完毕或已全部登乘动车组旅客列车后，由列车长通知司机；司机确认车门关闭、动车组旅客列车具备运行条件后，汇报运行所在区段客专调度员，按照客专调度员的指示运行。列车长将区间停车处理完毕后恢复运行情况报告指挥中心。

第三节　普速旅客列车消防安全管理及应急处置

一、普速旅客列车火灾成因

1. 客车附属的采暖装置、燃油锅炉、茶水锅炉和餐车炉灶的设备不良，或操作失误引起火灾。例如，采暖锅炉缺水干烧使炉体及烟囱温度过高烤着车厢天棚板；锅炉清灰不当，余烬引燃附近可燃物；燃油锅炉油泄漏被引燃，或点火后未关闭点火器，引起线路过热引起火灾；厨师违章过量加热食用油；餐车炉灶、烟囱、排油烟罩、排气扇及防风帽的油垢未及时清除被引燃；电气化厨房未按安全操作规定使用设备引起火灾。

2. 车体电气线路及设备不良，产生短路或局部过热，或操作不当引起短路、超载、接触电阻过大引起火灾。例如，列车运行中的振动及多次通电时的发热膨胀和停电后的冷却收缩，造成接线端子或接线螺栓松动，使得接触电阻过大，引起火灾；钢制线槽内电线绝缘老化或破损造成线路短路；电源接线端子松动、发热，致使电源线绝缘层烧损、电线裸露，与铁质物体接触打火，引燃周围的可燃物；空调机组通风机不转，保护装置失效，造成空气预热器在缺风状态下加热，烤燃通风道周围的可燃保温材料；电热温水箱、电热开水炉、空调装置、电热采暖装置的电气系统内某环节发生故障或操作违反规程，引起电流过高，产生过热或火花，造成火灾。

3. 发电车柴油机、电气设施等发生故障导致火灾发生。例如，机组高压油管接头处漏油，柴油喷到排气管、涡轮增压器、排气波纹管等高温部件，引起雾状柴油燃烧；电气设施漏电时违规向列车送电，引起线路过热，引燃绝缘及周边可燃物；发电机组定子绕组短路、定子铁心烧损、电刷维护不良、导线及接头过热引起火灾等。

4. 闸瓦摩擦和新型客车制动盘抱死摩擦引起火灾。例如，高坡地段列车闸瓦摩擦喷射火星引燃车底板及防寒毛毡起火等。

5. 旅客、乘务员吸烟乱扔未熄灭烟蒂引燃可燃物；旅客携带或在行李、包裹内夹带危险品造成火灾；人为弄火引起火灾。

二、普速旅客列车火灾特点

（一）普通客车火灾特点

普通客车是我国长期沿用的一种车型，目前仍运用于直通旅客列车、管内旅客快车和直通旅客快车。普通客车火灾频率高于空调客车，而且起火后往往失去控制。

1. 火势发展迅速。普通客车起火后火势发展迅速，这是因为其车体结构除行走部分、车体骨架、外包铁皮外，其他多数材料是由可燃物质组成的。车厢内墙板、车地板、天棚板含有数层胶合板；地板含有木材、沥青、油毡纸；保温材料是聚苯乙烯泡沫、聚氨酯等高分子材料。在高温下，这些材料热分解加剧，热分解产生的可燃气体引起更剧烈的燃烧和产生更多的热量。另外，列车运行的速度与风速成正比，车速越快，风速越大，风助火势，使燃烧迅速扩大蔓延，必然加大了燃烧区内的氧气供给，也加快了热的传播，火势发展就更为迅速。

2. 人员伤亡大。旅客列车是人员高度集中的公共场所，又处于高速行驶中，逃生难度大，所以，发生火灾后极易造成人员伤亡。其原因如下：

（1）短时间内产生大量的燃烧热。

（2）产生大量的烟。

（3）产生毒性气体。

3. 燃烧蔓延迅速。火焰是沿车厢内表面以扇形向两侧蔓延，且蔓延迅速。

4. 扑救难度大。

（1）虽然每节车厢配备了灭火器，但只能扑救初起火灾，如不能及时控制，形成大的火势，灭火器便不能奏效。

（2）列车运行中起火必然采取紧急停车措施，如停留在区间往往缺少消防水源和器材，难以及时得到地面扑救力量的有效施救。

(3) 车体结构无法通过破拆隔离火势，只能任其扩展蔓延。

(4) 车内发生火灾后，旅客惊慌失措，争抢逃生，不但不顾及救火，反而影响列车乘务人员组织灭火。

(5) 若车厢顶棚、墙板夹层内起火，在破拆、扑灭火源时，又使其得到了氧气的补充，反而会扩大燃烧面积。

(6) 起火后，在 5～7 min 时间内如不能将火势控制扑灭，就失去了战机，火势就会发展到非专业消防队扑救难以奏效的地步。

(7) 旅客携带行李、物品种类繁多，增加了燃烧物，给扑救工作增加难度。

(8) 列车提速后封闭线路和立交通道口增多，使消防、救护车辆难以靠近列车。

(二) 空调客车火灾特点

随着铁路运输的快速发展，新型集中供电全空调旅客列车大量投入使用。新型车体的车厢内壁板、顶板、保温层、座椅、地板等，大部分使用胶合板和玻璃钢、硬质塑料、聚乙烯泡沫等高分子材料，有较强的燃烧性。因此，新型集中供电全空调旅客列车也具有普通客车的火势发展迅速、人员伤亡大、燃烧蔓延迅速、扑救难度大的火灾特点。由于在空调客车上采用了较多的新技术、新工艺和新材料，因此，新型集中供电全空调旅客列车又呈现出新的火灾特点。

1. 电气火灾隐患严重。空调客车车体电源系统采用三相交流 380/220 V、直流 24 V、直流 48 V 四种电压，总输出功率 640 kW，分两路供电，大量的电气设备、线路分布于整个车体，比普通客车车体电气化程度高，这也大大增加了车辆电气火灾的隐患。如果运行中乘务人员没有执行标准化操作规程，或厂修、段修不执行标准化作业程序，对电气设备的维修、检验没达到标准，或其他原因造成车辆电气系统内部故障等，都可能引起电气火灾。

2. 毒性气体对人的威胁增大。空调客车采用了较多的高分子化合物，如聚氨酯、三聚氰胺、硅酸铝等，若发生火灾，这些物质会产生一氧化碳、氨气、一氧化氮、二氧化氮等毒性气体。而该车体的密封程度较高，车内仅通过车厢两端的空调气孔进行换气，气流在通道里循环流动以维持车体内气压前后平衡。这种通风结构对列车在快速行驶下维持车内气压平衡有很大的优点，但缺点是起火后产生的毒性气体不易排出，很容易造成旅客中毒窒息。

3. 人为因素更加突出。空调客车内部为少木或无木结构。墙板、顶板、间壁采用三聚氰胺复合铝板；地板采用了经阻燃处理厚 20 mm 的胶合板，在胶合板上铺厚 2 mm 的防锈铝板，在铝板上铺厚 3 mm 的阻燃地板布；硬座座椅由玻璃钢制成的骨架和耐燃聚氨酯软垫组成，卧铺采用半软质卧铺并外包阻燃型纺织面料。以上不燃、难燃材料的应用，从结构上加强了车体的防火能力。

空调客车上各种防火技术和材料的运用，有效抑制了火源的产生，大大减少了可燃物的存在。因此，外来火源和可燃物便成为火灾的重要成因，而这些外来因素多是人为造成的，如旅客携带危险品、吸烟、人为弄火、乘务人员违反规章制度等。

三、普速旅客列车消防安全管理

（一）消防安全管理方针及原则

普速旅客列车消防安全管理贯彻“预防为主，防消结合”的方针，按照“国铁集团统一领导，所属单位全面负责，职工群众积极参与”的原则，严格落实“管行业必须管安全、管业务必须管安全、管生产经营必须管安全”，以及“领导负责、分工负责、专业负责、岗位负责”的要求，实行消防安全责任制。

（二）消防安全管理职责

1. 各铁路局集团公司应认真贯彻执行消防法律法规、行政规章和国铁集团有关规定，制定普速旅客列车消防管理制度，组织消防安全教育培训，开展消防安全检查，消除火灾隐患，落实消防安全责任制。

普速旅客列车的消防安全管理，由客运、车辆、机务等部门负责。

安全监察部门应依规履行监督检查职责，督促有关部门和单位落实消防安全措施，消除火灾隐患。保卫部门应加强消防管理。

铁路行包运输、经营开发部门均应依照有关规定制定相应的消防安全管理制度，明确责任，严格管理。

2. 客运部门职责：

（1）建立健全并组织实施客运专业的岗位消防安全责任制、消防安全管理制度。

（2）组织客运专业开展消防安全检查，督促有关单位落实火灾隐患整改措施。

（3）对客运工作人员进行消防安全培训。

（4）按规定组织普速旅客列车运行途中防火巡查，对发现的可疑物品及时检查处置。

（5）采取多种形式向旅客开展消防安全注意事项和禁烟宣传工作。

（6）负责对餐车炉灶台面、墙壁、抽油烟机、排烟罩、烟道的表面可见部位油垢进行清理。

（7）负责普速旅客列车运行途中火灾现场旅客的应急疏散组织工作。

（8）参与普速旅客列车火灾（情）事故（件）的内部调查处理。

3. 车辆部门职责：

（1）建立健全并组织实施车辆专业的岗位消防安全责任制、消防安全管理制度。

（2）定期组织开展普速旅客列车消防安全检查。

（3）负责车辆设备检修，确保运用客车达到出库质量标准，消除火灾隐患。

（4）开展普速旅客列车运行途中防火巡查和终到后的安全检查、交接。

（5）对车辆工作人员进行消防安全培训。

（6）负责车辆消防设施、器材的配备和维护管理。

（7）开展消防技术攻关，改进车辆设备的消防安全技术条件。

（8）负责清除餐车排风扇、车顶表面及烟筒帽不可见、需拆卸部位的油垢。

（9）配合做好旅客应急疏散和组织工作。

（10）参与普速旅客列车火灾（情）事故（件）的内部调查处理。

4. 机务部门职责：

（1）建立健全并组织实施机务专业的岗位消防安全责任制、消防安全管理制度。

（2）加强对机车（司机室）的消防安全管理。

（3）组织机务工作人员参加动力集中动车组联检交接。

（4）组织机务工作人员在动力集中动车组终到后（入所时为入所后）参加机车（司机室）安全检查。

（5）对机务工作人员进行消防安全培训。

（6）配合做好旅客应急疏散和组织工作。

（7）参与普速旅客列车火灾（情）事故（件）的内部调查处理。

5. 安全监察部门职责：

（1）依据消防法律法规和有关规定对普速旅客列车消防安全工作实施监督检查，查处违章违纪行为，督促火灾隐患整改。

（2）监督检查有关部门和单位普速旅客列车消防安全责任制、消防安全管理制度的落实情况。

（3）监督检查有关部门和单位对普速旅客列车相关工作人员消防安全教育培训的落实情况。

（4）组织普速旅客列车火灾（情）事故（件）的内部调查处理。

6. 保卫部门职责：

（1）组织指导客运、车辆、机务等部门制定有关普速旅客列车消防管理制度，并督促落实。

（2）参与普速旅客列车火灾（情）事故（件）的内部调查处理。

（三）消防组织和岗位职责

1. 普速旅客列车运行途中的消防安全工作在列车长的统一领导下，实行岗位消防安全责任制。

2. 普速旅客列车运行途中应建立由列车长为组长，车辆乘务人员（含动力集中动车组随车机械师，下同）、客运乘务人员、餐饮工作人员等为成员的消防安全小组，履行下列职责：

（1）认真贯彻执行上级有关消防工作的规定和工作部署，每月召开一次消防安全小组会议，组织安排和总结分析消防工作。

（2）按分工分别组织乘务人员认真学习消防知识，达到“四懂四会”（懂得本岗位的火灾危险性、懂得预防火灾的措施、懂得扑救火灾的方法、懂得逃生的方法，会使用消防器材、会报警、会扑救初起火灾、会组织疏散逃生）。

（3）按岗位职责落实消防安全管理制度，督促乘务人员落实岗位消防安全责任制，及时消除火灾隐患。

（4）向旅客开展消防安全注意事项宣传，对发现的可疑物品及时检查处置。

（5）发生火灾时，启动火灾事故应急预案，疏散旅客，扑救火灾，报告火灾情况。

（6）组织志愿消防队定期演练。

（7）建立普速旅客列车消防安全台账。

3. 普速旅客列车应建立志愿消防队，由当班列车长任队长，当班车辆乘务人员任副队长，下设指挥组、疏散组、灭火组、伤员抢救组，根据乘务人员的具体情况，合理分工，明确职责，进行演练。

4. 普速旅客列车消防安全台账由列车长负责填写和管理，台账在车队存放，主要包括以下内容：

（1）上级有关消防工作的文件（复印件或摘抄件）。

（2）列车编组及乘务人员概况。

（3）列车消防安全小组名单。

（4）火灾事故应急预案及人员分工。

（5）消防安全小组会议记录。

（6）客运乘务人员消防安全培训记录。

（7）消防器材登记。

5. 列车长岗位消防安全职责：

（1）全面负责普速旅客列车运行途中的消防安全管理工作，贯彻上级有关消防工作部署和要求。

（2）主持召开由车辆乘务人员、客运乘务人员、餐饮工作人员等参加的消防安全小组会议，总结分析、安排布置普速旅客列车运行途中的消防工作。

（3）检查督促客运乘务人员落实岗位消防安全责任制。

（4）组织客运乘务人员、餐饮工作人员等学习消防知识，达到“四懂四会”。

（5）落实设备设施检查制度，针对检查发现的问题，按职责分工进行整改，做好旅客列车上部服务设施检查记录。

（6）普速旅客列车运行途中按规定每 2 h 进行一次防火巡查，发现隐患及时妥善处置，劝阻违反消防安全行为。

（7）采取多种形式向旅客开展消防安全注意事项宣传，对发现的可疑物品及时检查处置。

（8）发生火灾时，启动火灾事故应急预案，做好应急处置。

（9）按规定填写消防安全台账。

6. 司机岗位消防安全职责：

（1）认真执行操作规程，熟练掌握机车设备的性能和应急处置方法。

（2）普速旅客列车运行途中做好电气设备、火灾自动报警控制设备的监控，发现报警按规定程序处置。

（3）发生火灾时，启动火灾事故应急预案，做好应急处置。

（4）学习消防知识，达到“四懂四会”。

（5）做好退乘前对机车（司机室）的安全检查和交接。

7. 车辆乘务人员岗位消防安全职责：

（1）出库前按照作业标准检查确认电气、消防设施和器材的状态。

（2）普速旅客列车运行途中按规定进行防火巡查，巡视、检查车辆电气、火灾自动报警控制器等设备。发现违章操作及时纠正，发现隐患故障及时妥善处置。

（3）落实设备设施检查制度，做好检查、交接，针对设备存在问题及时进行整改。

（4）发生火灾时，启动火灾事故应急预案，做好应急处置。

8. 列车员岗位消防安全职责：

（1）严格遵守普速旅客列车消防安全规章制度，坚守岗位，落实岗位消防安全责任。

（2）严格执行各项操作规程，正确使用车辆设备，发现故障及时报告。

（3）认真巡视，劝阻旅客在车厢内吸烟。

（4）对发现的可疑物品及时检查处置。

（5）学习消防知识，达到“四懂四会”。

（6）发生火灾时，启动火灾事故应急预案，做好应急处置。

9. 行李员（邮政工作人员）岗位消防安全职责：

（1）落实岗位消防安全责任，严格执行交接和监装监卸制度，防止夹带易燃易爆危险品的货物上车，督促装卸人员按规定堆码货物。

（2）按规定巡视，及时发现货物异常情况，妥善处置。

（3）向押运人员宣传消防安全注意事项，做好身份登记，收缴火种，制止吸烟、动用明火等违章行为。

（4）学习消防知识，达到“四懂四会”。

（5）发生火灾时，启动火灾事故应急预案，做好应急处置。

10. 餐饮工作人员岗位消防安全职责：

（1）餐车长负责餐车的消防安全工作，其他人员做好本岗位的消防安全工作。

（2）出库前认真检查炉灶、电气设备安全状况及消防器材是否齐全有效，发现隐患及时通知车辆乘务人员处理。

（3）按规定清除餐车油垢。

（4）严格按照设备操作说明和安全操作规程使用厨房设备。

（5）严格执行食品加工安全操作规定，落实值班看守制度。

（6）学习消防知识，达到“四懂四会”。

（7）发生火灾时，启动火灾事故应急预案，做好应急处置。

四、普速旅客列车火灾预防

1. 普速旅客列车采用的非金属材料必须是不燃、难燃材料，其燃烧性能和产烟毒性必须符合国家、行业和国铁集团有关技术标准。

2. 普速旅客列车电气设备、消防设施和器材、非金属材料所采用的产品应是经国家有关部门鉴定合格的产品。

3. 普速旅客列车电气绝缘、防雷、电气接地、漏电、过流、过热、防水防潮保护及线路敷设、连接应符合国家、行业和国铁集团相关技术标准。

4. 乘务人员应严格标准化作业，认真执行岗位消防安全责任制。

5. 严格执行设备设施检查制度。普速旅客列车始发前，由乘务人员按照职责分工，对用火用电设备、消防设施和器材进行全面检查，运行途中重点检查，终到后彻底检查。检查情况由检查人员分别签字确认，严禁代签、漏签。

6. 普速旅客列车运行途中列车长、车辆乘务员在对客运工作和车辆设备设施巡视检查的同时，要开展防火巡查，并在发电车、邮政车、行李车的巡查记录上签字。

7. 对普速旅客列车始发前检查发现的设备故障，车辆部门应及时处置，消除隐患。对普速旅客列车运行途中发现不能当场处置的，应采取临时措施确保安全，按规定报告并如实记录。危及行车安全的，应立即停车处理。

8. 乘务人员必须经过全面的消防安全培训，达到“四懂四会”，熟记岗位消防安全职责和火灾事故应急处置基本要求，做到严格考核，持证上岗。

9. 操作“两炉一灶”和空调、火灾报警器等设备的乘务人员，应经过专门的消防知识培训，经培训合格后方可上岗。

10. 车辆电气设备必须保持状态良好，电器元件应安装牢固，接线及插座无松动，按钮开关、指示灯作用良好。严禁乱拉电线和违章安装、更换电气装置、元件。严禁擅自使用电热器具等电器。

11. 配电室内禁止存放物品，配电箱、控制箱内及上部不得放置物品，门锁必须良好，人离锁闭。可燃物品不得贴靠电采暖装置。

12. 车辆电气绝缘应符合要求，漏电保护、电气接地等装置应匹配、有效。车辆电气绝缘测试、设备巡检和交接应有记录。严禁用水冲刷地板。

13. 餐车配备的电烤箱、微波炉、电磁炉等餐饮炉具使用时，应有人监管，用后清洁，餐车离人断电。

14. 发电车乘务员应严格执行操作规程，落实防火制度，确保柴油发电机组及附属设备状态良好，阀门、管路连接部位紧固，油箱及其他各部位不得有积油和油垢，禁止乱堆乱放物品，棉纱应放在指定容器内。

15. 普速旅客列车取暖和蒸饭锅炉、茶炉应配件齐全、状态良好，落实点火试验和交接制度。使用中，乘务人员应按规定检查水位（压）表、水温表、验水阀、水循环状况，做到不漏水、不超温，严禁缺水、干烧。炉灰应先用水浸灭后再处置，炉室内不准堆放杂物，离人加锁。

16. 餐车炉灶、锅炉烟囱防火隔热装置应完好有效，使用燃煤炉灶的餐车入库应压火。

17. 普速旅客列车运行途中餐车严禁炼油，使用燃煤炉灶油炸食品和过油时，油量不得超过容器容积的三分之一。电气化餐车电炸锅内油面高于四分之一油锅深度，最高油面高度不超过油位警告标志，油温设定值严禁超过 200 ℃。

18. 应定期对餐车炉灶台面、墙壁、抽油烟机、排烟罩、烟道、排风扇、车顶外表面和烟筒口、帽的油垢进行清除，保持清洁，并填写记录。

19. 循环水泵箱、检查孔、观察孔、煤厢、取暖器防护罩内部应保持清洁无杂物。停用的炉室应彻底清除可燃物，加固锁闭。

20. 邮政车、行李车货仓应留有安全通道，宽度不小于 0.5 m，不得堵塞端门、边门，货物堆码不得超高。邮政车、行李车严禁使用明火或电炉烧水做饭，未经国铁集团车辆主管部门批准严禁擅自增设使用各种电器。

21. 乘务室、配电室、餐车储藏室、广播室、检车工具间、宿营车、行李车、邮政车、发电车禁止烟火。

车厢应有禁止吸烟标志，乘务人员要对在车厢内吸烟的旅客进行劝阻，提醒旅客不得乱扔烟头火种。吸烟处应有明显标志并配备烟灰盒，地板和壁板应保持完好，无孔洞和缝隙。

22. 普速旅客列车上的通道必须保持畅通，不得堵塞车门。

23. 在普速旅客列车上查获的禁限物品由列车工作人员

妥善保管，并根据物品性质按站车交接程序向前方停车站或车站派出所移交。对判明不了性质的物品，严禁在车上进行试验。

24. 应通过图形标志、电子显示、广播宣传等多种方式，向旅客进行禁止吸烟、严禁携带禁限物品，以及逃生知识、灭火器和紧急破窗锤使用方法等消防安全知识宣传。

25. 普速旅客列车灭火器配置和维修应符合下列规定：

（1）普速旅客列车车厢（双层旅客列车每层）配备 2 kg ABC 干粉灭火器和 2 L 水基型灭火器各 2 具。灭火器应设置在车厢两端适当位置（每端各 2 具）。

（2）行李车、邮政车、餐车各配备 4 具 4 L 水基型灭火器，行李车配备 35 L 推车式水基型灭火器 1 具。行李车、邮政车的灭火器应设置在工作间内，餐车的灭火器应设置在餐厅，后厨没有直通餐厅门的餐车，可以在后厨内安设 2 具 4 L 水基型灭火器。

（3）发电车配备 4 L 水基型灭火器 8 具，其中机房内 6 具，工作间 2 具。冷却间配备 25 kg 推车式 ABC 干粉（或 35 L 水基型）灭火器 1 具。

（4）普速旅客列车配备的灭火器应适应环境温度，适于扑救 A 类（固体）、B 类（液体）、C 类（气体）和 E 类（带电）火灾。挂具应采用套筒结构，安装牢固、便于取用，底部离地面一般不超过 1 400 mm。

（5）动力集中动车组消防设备设施按动力集中动车组运用维修规则等有关规定配置。机车消防设备设施按铁路机车运用管理规则等有关规定配置。

（6）灭火器应按国家有关标准要求定期维护、维修和报废。

26. 加强灭火器日常管理，保证处于良好状态。灭火器应保持清洁，严禁搭挂物品，严禁挪作他用。

27. 空调旅客列车应按有关规定配备紧急破窗锤。餐车厨房应配备 2 条灭火毯。发电车、行李车、邮政车应各配备 2 具过滤式消防自救呼吸器。

28. 火灾自动报警系统应定期检测、维修，保持作用良好。

29. 定期组织普速旅客列车消防安全检查。各铁路局集团公司每年进行一次检查。客运段、车辆段每月进行一次检查。

五、普速旅客列车火灾应急处置

1. 各铁路局集团公司和有关单位应制定《旅客列车火灾事故应急预案》《车站处置旅客列车火灾事故应急预案》，定期组织演练，提高处置能力。

2. 旅客列车发生火灾时，事故现场的铁路工作人员应立即向邻近铁路车站、列车调度员报告，拨打 119 报警。各有关单位和部门接到报告后，应按规定逐级上报，迅速有效进行处置。其中，动力集中动车组发生火灾时，客运处置按照高速铁路客运非正常情况应急处置办法执行。应急处置的基本要求是：

（1）立即停车。旅客列车运行途中发生火灾威胁行车和旅客人身安全时，应立即停车（停车地点应尽量避开特大桥梁、长大隧道等）。电气化区段还应立即通知牵引供电部门停电。

（2）疏散旅客。旅客列车发生火灾时，乘务人员应迅速向列车长报告，组织起火车厢旅客向安全车厢或地面安全地带疏散，采取措施稳定旅客情绪，同时要防止发生旅客跳车、踩踏等意外事件。

（3）迅速扑救。列车长接到火灾报告后，应立即组织指挥志愿消防队，携带灭火器赶到起火车厢，确认火情，迅速扑救。

（4）切断火源。停车后，旅客列车需要分隔时，司机、车辆乘务员应迅速将起火车辆与列车分离，切断火源，防止火势蔓延。

（5）设置防护。对甩下的车辆，在车站由车站人员负责采取防溜措施，在区间由司机、车辆乘务员负责采取防护措施。

（6）报告救援。列车长和司机等人员应立即向上级机关和列车调度员报告事故情况，请求救援。

（7）抢救伤员。在疏散旅客、迅速扑救火灾的同时，如有被火围困或受伤人员应立即抢救。

（8）保护现场。在扑救火灾的同时，铁路工作人员应维护现场秩序，防止发生混乱，禁止无关人员进入，保护火灾现场。未经事故调查部门同意不得擅自清理火灾现场。

（9）协助查访。铁路工作人员应协助事故调查部门调查火灾情况，积极提供线索。

3. 起火旅客列车在区间停车时的扑救工作，在邻近车站站长（或胜任人员）和消防救援机构赶到前，由列车长负责组织。火灾扑灭后，列车长、车辆乘务人员要对起火部位进行检查，确认火已完全熄灭，在确保安全的情况下，可继续运行。旅客列车在区间被迫停车时，邻近车站应组织人员、消防器材赶赴现场救援。

旅客列车在车站发生火灾或起火列车进站后，车站站长（或胜任人员）应组织指挥火灾事故应急处置，并立即启动车站处置旅客列车火灾事故应急预案。

消防救援机构到达后，火灾扑救工作由其统一指挥。

4. 各有关单位和部门接到事故报告后，应立即按照预案响应程序，组织力量、调集救援物资装备赶赴现场，各尽其职，各负其责，保证事故救援有序、高效、快速进行。

第四节　客运站消防安全管理及应急处置

一、客运站火灾成因

（一）一般客运站

一般客运站的主建筑通常是大型公共建筑。有些客运站是采用现代技术建造的多层建筑，高大、宽敞、层高。有的客运站附建有地下层。除新型客运站外，铁路车站尚存有大量低耐火等级建筑候车室（厅），上部为无保护层的钢结构屋架和铁皮屋面，室内采用木质吊顶，有的甚至采用木结构屋架，留有重大火灾隐患。

客运站的上下交通道有内楼梯、电梯、自动扶梯、疏散楼梯等，内楼梯井、电梯井、自动扶梯开口是楼层火灾向上蔓延的通道。

为了给旅客创造一个优美、舒适的候车环境，大厅内部分采用可燃材料装修，布置大批装饰和照明用灯，潜藏有火灾危险性。甚至利用原建筑结构简易地改造成休息场所，改变使用性质，使用大量可燃材质进行内分隔和内装修，增加了火灾荷载。

有的客运站设备陈旧老化，用电管理不善。始建时仅有照明用电，之后增加了中央空调、大屏幕电视、旅客电子引导、灯箱广告、电热餐饮等用电设备，用电严重超负荷。有的客运站设有商场、售货摊位，以及咖啡店、快餐店、旅店、小件寄存处，功能复杂，增加了火灾危险性。

候车厅内人员密集，来自四面八方，且有老弱孕残，并携带种类繁多的行李，在火灾发生时不利于疏散。

车站发生火灾的主要原因有：

（1）旅客在行李中或在随身携带物品中夹带易燃、易爆危险物品进入站内，包装破损或渗漏，遇明火或受到摩擦撞击而发生燃烧或爆炸。

（2）用电负荷过大、用电设备使用不当或发生故障、电路老化等引起电气火灾。

（3）站内违规吸烟乱丢烟头，取暖炉、茶炉及其他明火引燃可燃物。

（4）商场、售货摊位、快餐店、旅店、小件寄存处发生火灾殃及车站。

（5）站内其他生产、维修车间违章动火不慎引起火灾。

（6）车站信号楼等因雷击引起火灾。

（7）因犯罪分子纵火等其他偶然因素引起火灾。

（二）特大型客运站

特大型客运站是地理位置重要、规模庞大、设备众多、运输繁忙的建筑集合体。特大型客运站实现和满足了铁路客运站功能性和系统性上的要求的同时，也带来了防火方面的新问题。特大型客运站起火后易形成火势蔓延。车站建筑内的不可分隔的巨大空间，以及建筑内的各种竖井、楼梯间、电梯井等大量开口，都可能成为火灾蔓延的途径，从而导致大面积燃烧。

车站建筑体量大、通道复杂、人员疏散距离较大、人员密集，且不固定人群对现场的环境不熟悉，加之火势蔓延不易控制，都会对人员的安全疏散带来不利影响。并且由于车站建筑体形大、周边长，使火灾扑救面受到限制。

特大型客运站除具有上述普通客运站相同的火灾原因外，外来的地铁、公交、出租等车辆起火殃及车站也是其发生火灾的原因之一。

二、客运站火灾特点

1. 旅客的人身安全受到威胁

铁路车站是人员高度密集的公共场所，并且人员结构复杂，不同性别、年龄和身体状况的旅客混杂在一起，再加上旅客携带行李众多，给火灾安全疏散带来了困难。另外随着经济的发展，车站功能更加完善、结构更加复杂，一些功能各异的区域设在同一场所里并进行了分割处理，往往会造成疏散路线的迂回曲折，给人员的逃生带来很大的困难，严重威胁了旅客的人身安全。当车站发生火灾的时候，产生的大量浓烟、毒气容易使被困旅客的视线不清，很快就会出现中毒、神志不清的情况。燃烧产生的高温、热气流使人难以忍受，极易出现惊慌失措，在惊恐中争相逃命，互相拥挤，即使不被烧死和熏死，也极有可能在疏散中践踏伤亡，而且拥挤的疏散人群，必然导致疏散过慢，增加了中毒、窒息伤亡的可能性。

2. 经济损失较多

铁路车站建筑一般是一个城市的窗口，其设计样式新颖、建筑结构复杂，车站的设计建造费用昂贵；此外站内还有各种先进的控制、监视和用于行车安全的保障设备，一旦发生火灾事故，容易造成车站建筑的坍塌，造成巨大的经济损失。另外，旅客携带的行李、物品多，在火灾疏散过程中容易受到严重损失。

三、客运站消防安全管理

（一）日常管理工作

1. 检查工作场所的设备设施

（1）检查售票机房、行包房、候车室和其他重点处所的电线线路布线是否规范，电线是否裸露。

（2）检查客运站各处所消防设施是否齐全、作用良好、标志醒目，消防通道是否畅通。

（3）检查灭火器是否检修合格、有效、定位。消火栓、水龙带、水枪等消防器材是否完整齐全、定位存放、作用良好。

（4）检查应急照明灯是否配备齐全、作用良好。

（5）检查消防自动报警、喷淋灭火装置等消防设施是否每年检测维护，并保证状态良好。

2. 检查职工现场作业情况

（1）严格加大对进站人员携带品的查堵力度，加强防火防爆，做到旅客携带物品件件过机，人人过门，坚决把危险品堵在站外车下。

（2）落实车站的封闭式管理，杜绝闲杂人员进入站内。

（3）落实候车室、售票厅、行包房的巡视制度，不定时地对工作场所的安全情况进行检查。

3. 提高车站工作人员应急能力

火灾时，由于烟雾的遮挡，人们难以找到出口。再加上停电，电梯停用，不能正常疏散，被烟火围困的人员，大多数精神处于极度恐慌状态，有的甚至失去正常理智。此时车站的工作人员，一定要引导旅客安全疏散，应对可能出现的紧急情况，促进车站生产的安全稳定。

（二）防火基本措施

1. 新建、改建、扩建客运车站的总平面布局、平面布置、防火分区及防火分隔、耐火等级、安全疏散、内部装修、外部保温、消防水源、防烟排烟及消防设施、器材的配备，应严格执行国家消防法律法规和技术标准。

2. 新建、改建、扩建客运车站在投入使用、营业前，建设单位或者使用单位应向车站所在地的县级以上地方人民政府消防救援机构申请消防安全检查，经消防救援机构许可后方可投入使用、营业。

3. 客运车站集散厅、售票厅、候车厅（室）等站房公共区域内严禁开设公共娱乐场所，站房其他区域开设公共娱乐场所应设置独立的防火分区。站房内设置的餐饮、售货等营业性场所，应符合《铁路工程设计防火规范》等相关规定。

4. 客运车站的电气设备、线路须符合国家有关电气安全技术标准，并由持有相应岗位资格证书的专业人员负责安装、维修。严禁违章使用电热器具，严禁超负荷用电，严禁擅自拉接临时电气线路。

5. 客运车站设置的广告、灯箱应采用不燃或难燃材料，电线、电缆及光缆应采用低烟无卤型，电气线路及照明装置应采取防火安全措施。应加强广告、灯箱、按摩椅、充电宝等设施管理，不得堵塞疏散通道，不得遮挡消防设施，并建立维护制度，明确管理责任。

6. 客运车站行包房按货物仓库严格消防管理，客运车站应加强监督检查。站台临时堆放行包应在指定区域，不得堵塞疏散通道和消防车通道，不得埋压、圈占、遮挡消防设施。

7. 客运车站行包房应按规定设置安检仪，落实易燃易爆危险品查验措施，防止易燃易爆危险物品进站上车。

8. 站区内进行机车、发电车等移动设备加油及其他具有火灾危险性作业时，应划定安全区域、配备灭火器材、实施专人监护。

9. 客运车站应严格落实禁止、限制携带和托运物品查验措施。客运车站配置的安检仪，应保持状态良好、运转正常。在客运车站存放的安检查获物品应定点集中存放，集中存放场所须远离候车厅（室）等人员密集区域。查获的易燃易爆危险品不得在人员密集场所所在建筑内存放。

10. 客运车站应向旅客宣传铁路站车防火防爆的规定。

11. 集散厅、售票厅、候车厅（室）、旅客通道、地下站台等场所应设置应急照明灯和疏散指示标志，疏散通道应满足应急疏散需要，并保持畅通。人员密集场所内平时需要控制人员随意出入的安全出日、疏散门或设置门禁系统的疏散门，应保证火灾时能从内部直接向外推开，并应在门上设置相应标识和使用提示。

（三）车站商场、售货摊位消防管理

1. 商业网点的设置要符合《建筑内部装修设计防火规范》(GB 50222) 的要求。

2. 禁止柜台内的营业人员吸烟，商场内应设置“禁止吸烟”标志。柜台内须保持整洁，废弃的包装纸、盒等可燃物不得抛撒于地面，应集中并及时进行处理。

3. 经营指甲油、摩丝、蜡纸和小包装的汽油、酒精、丁烷气等易燃危险物品的柜台，对进货量应加以限制。

4. 电气线路和设备安装必须符合低压电气安装规程的要求。在吊顶内敷设电气线路，应选用铜芯线并穿金属管，接头必须用接线盒密封。

5. 商场为更新、改建或房屋设备检修，以及安装广告装置而用电、用火和使用油漆等易燃危险物品时，必须有严密的防火措施，特别是进行焊接、切割作业时，必须经过严格的动火审批手续，落实防火措施，方可进行作业。

6. 为了保证旅客安全疏散，商场的楼梯、通道必须保持畅通，不得堆放商品和物件，也不得临时设摊推销商品。在出口处 3 m 以内禁止停放车辆。做好引导旅客安全疏散的录音、广播准备，以便在紧急需要时播放。

四、客运站火灾处置

1. 车站发生火情时，客运值班员及时向上级报告，并按处理火灾、爆炸事故规定要求，根据当时实际情况采取有效措施，紧急处理，最大限度地减少伤亡和损失。在扑救的同时，及时向消防部门报火警。

2. 稳定候车旅客情绪。客运人员赶赴现场，加强宣传，稳定旅客情绪，防止意外事故发生。

3. 疏散旅客。确定疏散人员物资安全出口、疏散线路，迅速疏通安全通道和疏散起火部位周围的旅客，以便于扑救。

4. 及时扑救。选用起火地点附近适当的灭火器紧急扑救，及时灭火，减少损失。

5. 切断电源。客运人员迅速切断起火附近电源，防止火势蔓延。

6. 保护现场。火灾扑灭后，彻底清理检查，防止余火复燃。保护现场，协助有关部门查明起火原因和损失程度。

第五节　货物列车消防安全管理及应急处置

一、货物列车火灾成因

货物列车在运动状态下有较多的随机因素，易导致起火，常见的货物列车发生火灾的原因包括以下几种。

1. 外来火源引起火灾。货物列车通过跨越的公路立交桥时，桥上丢下未熄灭的烟蒂或其他火种，落在货车货物上引起火灾。违章装卸作业，拖拉货物，摩擦产生火花，埋藏在货堆中阴燃，达到一定条件时引发火灾。

2. 货物自燃。一是由于包装破损，物质与空气接触反应而自行燃烧。某些危险物品易被空气氧化而放热，如黄磷。二是易分解的化学物品在装运中或调车过程受摩擦、撞击而分解放热引起燃烧，如硝酸纤维素制品。三是有些物质遇水或遇潮自燃，如碱金属、碱金属氢化物、硼烷等。四是违反规定混装，泄漏物品相互混合时自行燃烧，如易燃物与强氧化剂的混合等。五是自燃货物和炽热货物散热条件不好引起火灾，如煤、棉包等。

3. 货物振动摩擦产生热量引起火灾。货物与货物之间、货物与车厢之间，特别是刚性货物与柔性货物之间，因车体振动而摩擦生热，达到燃点形成燃烧。

4. 危险品事故引起火灾。托运时，货主匿（伪）报品名或违章夹带危险品，或危险品在运输、装卸、储存保管等环节不符合规定要求，一旦操作或管理失误，致使危险品泄漏、发生反应等导致火灾的发生。

5. 油罐车油品超载，遇气温上升会使液体及油蒸气膨胀，很容易在运行中由于颠簸晃动而溢出，或者冲破孔盖外溢；油品严重欠载，又未采取防簸的措施，在列车运行中会在纵向力的作用下或在弯道离心力的作用下产生强烈的罐内簸动，导致冲破孔盖外溢；油罐车技术状态不良，罐、盖、阀、垫、制动装置等发生变形和配件丢失、缺损等导致油品渗漏、外溢。一旦遇到高温天气、外来火源、电力接触网电火花、制动火花等，就有可能酿成火灾。

6. 电力机车牵引时电力接触网产生的电弧，引燃货物列车上的可燃物质或泄漏的可燃气体，酿成火灾。其原因包括：一是车辆装载货物超高；二是人或动物攀登车顶靠近或接触接触网；三是受电弓接触压力过大或过小而产生电弧。

7. 高坡区段闸瓦剧烈摩擦生热引发火灾。当列车采取间断性制动措施时，闸瓦抱紧车轮，产生强大的制动力。由于闸瓦与车轮摩擦，产生高热，飞射的火星引燃车底板或从车底板缝隙中引燃车厢内的可燃物。如果油罐车装载的油品外溢，液体油流至车轮附近，同样会被喷射的火星引燃，引起油罐车着火。

8. 押运人员或扒乘人员吸烟弄火引起火灾。押运人员或扒车人员吸烟及生火取暖、做饭而引燃车厢内货物；盗窃分子点火照明或烧断包扎绳引燃车厢内货物。

9. 人为放火。犯罪分子故意制造火灾事端，盗窃分子作案后为毁迹灭证而放火烧毁现场，等等。

10. 行车事故引起火灾。由于发生异常情况，如机车制动失效、装载货物或车辆部件脱落、线路故障、违章调车作业导致车辆冲撞等，使列车脱线、颠覆，产生热量、火花、危险物品泄漏等引起火灾。

二、货物列车火灾特点

1. 火灾多数发生在运行状态下。在动态下发生的火灾与静态下发生的火灾不同。因货物列车在运行状态下风势强劲，风助火威，燃烧迅猛，比一般工厂、仓库起火形成速度更快，延烧面积更大。

2. 火灾初起阶段不易发现。货物列车由高低不等的棚车、敞车、平车、罐车等组成，司机、车站值班人员或押运员发现货物列车起火时，往往是通过车厢内冒出的浓烟或窜出的火焰来判断。从发现火情到停车请求救援需要一段时间，停车后到处理仍需一段时间，期间燃烧持续蔓延扩展。

3. 扑救火灾困难。货物列车燃烧形成得快，扩展迅速，燃烧猛烈，不仅沿车辆自前向后蔓延，而且未燃尽的带火物质颗粒会被吹落到邻车或线路两侧及后部车辆上，沿铁路线形成一带状飞火范围。而货物列车上的灭火器材和人员有限，灭火力量严重不足。

站停货物列车起火，站区铁路线路多、停留车辆多，道路狭窄，消防车不易靠近；倘若货物列车运行在区间发生火灾，交通不便，又缺乏水源、灭火器材、工具和扑救人员，只能分解列车，甩下着火车厢，等待救援。

三、货物列车消防安全管理

（一）牵引货物列车的机车防火安全要求

1. 内燃机车安全管理

（1）司机必须认真执行机车操作规程，学习并贯彻执行机车防火措施。

（2）内燃机车出库前，司机必须对机车防火安全状态和灭火器进行检查，在技术状态良好的情况下方可启动运行。

内燃机车柴油机启动后，特别是高负荷时，要加强对机械间的巡视，要经常瞭望机械间，发现异常情况及时处理。内燃机车在运行中，副司机要按规定巡视，发现问题及时处理。

（3）机械间、电气间要保持干净无杂物，及时消除各部漏油现象。因工作需要带汽油、酒精等上车作业时，要特别小心。用后立即送下机车，并擦净残迹。油棉纱应存放到专门的铁箱内。应定期清除机车排气装置喷出的油烟和积炭。

（4）要配备充足的灭火器材，并放置在醒目易取的地方。乘务员要熟悉车上各种灭火器的性能和使用方法。

（5）按规定要求合理使用熔断器，烧损时要认真记录。经常检查电动机、电气设备和电气线路，紧固松动的接点，包扎破损绝缘，消除虚接、短路现象。严禁擅自加设电线。定期检查蓄电池，消除漏电、接线松动等现象。及时更换工作状况不良的电气导线和元件。

（6）严格按规定进行柴油机甩车，定期清扫消音器及其排污管和废气支管，彻底铲除油垢、积炭，柴油机消音器、排烟管不得破损，增压器进风筒的帆布罩必须用石棉布包扎严密，保持完好。及时补充、包扎隔热材料。

2. 电力机车安全管理

（1）变压器室、电抗器室、高压室要防止外来水和灰尘的侵入，并防止小动物进入电力机车。

（2）电力机车司机室、高压室不得有杂物。不准有临时架设的电气明线。

（3）电动机、电器、线路、灭弧罩不得破损、松动、绝缘不良。

（4）严格遵守安全操作规程。电动机通电后不转，应立即关闭电源检查和排除故障。电动机连续启动次数不能太多。

（5）严禁攀登车顶作业，如确需作业时，须在指定的线路上，将接触网停电接地后，方准进行。

（6）配备灭火剂不导电、不污损的灭火器。

（二）装载货物车辆防火安全要求

1. 按承运货物性质选配车辆。装载货物的车辆应保持门窗完好，顶棚严密，防火板符合相关标准。对装载易燃货物的车辆，要认真检查车厢、车窗、顶棚、地板等处是否完好，地板破损的应采取铺垫措施，防止火星进入车内引燃货物。

2. 装载危险货物的车辆，必须符合运输危险货物的规定。危险货物应使用棚车、危险货物专用车或集装箱装运。危险货物的运输包装和内包装应按《铁路危险货物品名表》和“危险货物包装表”的规定确定包装方法，防止撒漏和摩擦。

3. 铁路罐车、罐式集装箱及其他容器应当封口严密，安全附件设置准确、起闭灵活、状态完好，能够防止运输过程中因温度、湿度或者压力的变化发生渗漏、洒漏。

4. 企业自备车辆进入国铁营业线路编入货物列车时，车辆技术状态和装载条件，必须符合铁路有关货物运输防火安全规定。其中，轨道起重机、架桥机等禁止发动驱动装置，严禁烟火。

（三）货物装卸过程防火安全要求

1. 货物包装必须完整，符合防火要求方准装车，严格执行配装限制。

2. 零散货物快运、货物混装运输发送的办理站应按规定对货物进行安全检查，防止匿报、夹带危险货物。

3. 货物装载时应根据货物体积、重量、性质，合理确定装车顺序、装车区域，做到大不压小、重不压轻、稳固整齐，容易积热的货物距车顶部应留有适当空间。

4. 凡装运钢锭、焦炭、炉灰等易含有火种的货物和装车前温度较高、易发生自燃的货物，装车前应采取冷却、测温等措施。

5. 禁止运输腐朽木材。

6. 铁路货场货运员应认真执行监装、监卸责任制，防止发生普通货物中夹带易燃易爆危险物品。装卸作业中严禁明火照明和吸烟。

（四）解编作业防火安全要求

1. 编组调车作业中，对装有危险货物的车辆，必须严格执行有关禁止溜放、限速连挂、编组隔离等规定。

2. 编组站（场）应根据需要设置固定的装载爆炸品、气体类危险货物车辆的停留线。停留线附近不得有杂草和其他易燃物，严禁明火作业。

3. 机械冷藏车（车组）由配属单位负责防火管理。列车上的柴油发电机组、蓄电池、储油设备、电控装置、炉灶，必须符合防火安全要求，确认良好后方准挂运。

（五）站车交接防火安全要求

1. 货运员、货运检查员应按规定认真检查货物列车车辆门窗关闭（需通风的货物除外），危险货物车编组隔离，篷布苫盖、捆绑是否符合规定，以及罐车有无泄漏，罐盖是否关闭良好，并向押运人员宣传防火注意事项。

2. 在专用线（专用铁路）装载的列车（车辆）或托运人自行装载的车辆，车站应按要求做好交接检查。

3. 应加强货物列车防火安全检查，对检查中发现存在火灾隐患的车辆应及时按规定处理，做好记录并通报有关单位。对有严重火灾隐患的货车应甩下处理。

4. 检查装有易燃易爆危险货物的车辆禁止用明火照明，检修装有可燃货物车辆时禁止使用电、气焊及其他喷火花的工具。

（六）列车运行中防火安全要求

1. 需押运时，托运人应派熟悉货物性质的人员押运，押运人应根据需要携带消防器材及必要的工具。各类押运人员严禁在岗吸烟、生火、点燃蚊香、携带危险品等违禁物品。

2. 机车乘务员应认真执行机车防火有关规定。有关行车人员要认真瞭望，注意观察列车运行状态，发现火情立即通报有关部门，并采取相应措施，迅速扑救。

3. 列车在高坡区段运行时，机车乘务员应按规定的操纵示意图操纵机车，动力制动和空气制动联合使用，防止闸瓦磨托引起火灾。

四、货物列车火灾处置

1. 货物列车运行中发生火灾时，必须立即选择适当地点停车灭火，停车地点应尽量避开特大桥梁、长大隧道、重要设施等处，尽可能选择靠近车站、道口、水源等有利于扑救的地点停车。司机立即通知两端站、列车调度员，车站不再向区间放行列车，并通知邻线及后续相关列车停车。电气化区段，现场需停电时，应立即通知供电部门停电。

2. 列车需要分隔甩车时，应根据风向及货物性质等情况而定。一般为先甩下列车后部未着火车辆，再甩下着火车辆，然后将机后未着火车辆拉至安全地段。对甩下的车辆，在车站由车站人员负责采取防溜措施；在区间由司机负责采取防溜措施。

3. 货物列车发生火灾，在车站由站长负责指挥灭火工作；发生在区间，接到列车发生火灾通报的车站，要迅速通知消防队，赶到现场组织扑救工作，并可调用站区各单位的运输工具和消防器材。

4. 扑救火灾时，应通过列车编组顺序表核对着火车辆所装货物的品名，根据货物性质，采取正确方法扑救。如：对易燃液体、铝铁溶剂，禁止用水扑救；对爆炸品，不准用砂土覆盖；剧毒品、腐蚀性物品或燃烧时会产生有毒气体的物品，抢救人员应采取防毒、防腐蚀措施。在未确知危险货物性质前，不应贸然用水或砂土扑救。

5. 对发生火灾的车辆，必须彻底扑灭，特别是对棉花、麻、毛等类物品，要彻底检查，消灭潜伏火种。

6. 火灾扑灭后，确认线路清理完毕，完全具备开车条件，报告两端站、列车调度员后，方可继续运行。不能继续运行时，须及时请求救援。

第六节　货场、仓库消防安全管理及应急处置

一、货场、仓库火灾成因

1. 火源较多易引起火灾。货场、仓库内具有较多的火源，如生产生活过程中的炉火、电气焊火、烟囱火、外来飞火（烟花爆竹等）、烟蒂火，以及装卸机械和车辆撞击摩擦产生的火花。

2. 电气设备故障引起电气火灾。作业场所电气设备多，使用频繁，若维修或操作不当，易产生电气线路的短路、过负荷运行、接触电阻过大，以及照明灯具、电气开关、熔断器、插座、整流器、配电箱、变压器的故障，从而引起电气火灾。

3. 进入仓库货物夹带火种。货物在运输、搬运过程中接触明火，如烟头、火星等，如果没有及时发现，会将火种带进库内，阴燃造成火灾。

4. 货物自燃。许多化学物品由于受热、受潮、接触空气而起火。如果仓库建筑条件差，不采取隔热降温措施，使物品受热；因保管不善，仓库漏雨进水、地面潮湿，会使物品受潮，形成自燃条件，引起火灾。

5. 管理不善、违章作业造成火灾。仓库照明灯具选用不当，堆垛超高未保持间距。搬运物品没有轻装轻卸，任意摔扔；或堆垛过高不稳，发生倒垛；或在库内改装打包、封焊修理等，违反安全操作规程，引起火灾。

6. 因雷击引起火灾。仓库防雷设计有盲区或未安装避雷装置，雷击中引发火灾。

7. 人为弄火或纵火。无关人员进入仓库内弄火引起火灾，犯罪分子进入仓库纵火。

二、货运、仓库火灾特点

1. 火势蔓延迅速、燃烧猛烈

仓库中由于货物过于密集，空间封闭性强，一旦发生火灾，温度迅速升高，燃烧强度大大增强，火势蔓延速度加快，火势更加猛烈。

2. 火灾破坏力度大

由于仓库的货架一般采用钢质结构，耐火性能较差，高温容易丧失支撑能力，货架和库房屋顶在高温燃烧后容易坍塌。

3. 火灾扑救难度大

出于成本考虑，仓库的空间尽量被利用，某些必须预留的安全空间也被占用，仓库码放分区杂乱，消防通道堵塞，加之浓烟大，热辐射强，给火灾扑救造成困难。

4. 火灾损失严重

仓库内储存着大量货物，还有昂贵的搬运、仓储设备，一旦发生火灾将会在很短时间内烧毁大批物资，造成巨大的经济损失。危险货物仓库火灾施救难度大，在一定条件下可能引起爆炸，导致扑救人员中毒、灼伤甚至死亡等事故。

三、货场、仓库消防安全管理

（一）储存管理

1. 铁路货场、仓库防火应严格执行《仓库防火安全管理规则》《仓储场所消防安全管理通则》等相关规定。

2. 铁路货场、仓库等仓储场所内禁止吸烟、使用明火，严禁燃放烟花爆竹，并应设置明显的警示标志。

3. 汽车、拖拉机不应进入甲、乙、丙类火灾危险性物品的室内储存场所；进入甲、乙类火灾危险性物品室内储存场所的装卸机具应为防爆型；进入丙类火灾危险性物品室内储存场所的装卸机具应安装防止火花溅出的安全装置。装卸易燃易爆危险货物的装卸机具应具有防爆、防静电功能。装卸机具应随车配备性能良好的灭火器材。

4. 铁路货运仓库属综合性中转仓库，其储存货物危险性分类，危险货物按甲类管理，其他普通货物均按丙类管理。

5. 危险货物应按性质要求存放在指定的仓库、雨棚等场地。遇潮或受阳光照射容易燃烧或产生易燃、易爆、有毒气体的危险货物，不得在雨棚、露天存放。存放保管危险货物应符合《铁路危险货物配放表》的要求。编号不同的爆炸品不得同库存放。

6. 库存及露天存放的货物应分类、分批、分垛码放。库内存放的普通货物每垛占地面积不大于 100 m^2，危险货物每垛占地面积不大于50 m^2。垛与垛间距不小于1.0 m，垛与墙间距不小于0.5 m，垛与梁、柱的间距不小于0.3 m，垛与照明灯之间的距离不小于0.5 m，主要通道宽度不小于2.0 m。货物堆码不得阻挡消防车通道，不得埋压、圈占、遮挡消防设施和器材。露天存放的货物垛与垛间距不应小于4.0 m。室外存储区不应堆积可燃物，并应控制植被、杂草生长，定期清理。

7. 危险货物应按规定标准包装。在铁路货场仓库储存时，应严格检查包装，确保外包装符合铁路危险货物包装标准规定，外包装无破损、货物无泄漏方可入库。

8. 甲、乙、丙类物品的室内储存场所其库房布局、储存类别及核定的最大储存量不应擅自改变。如需改建、扩建或变更使用用途的，应依法向住房和城乡建设主管部门办理建设工程消防设计审查、验收或备案手续。

9. 危险货物仓库不应敷设在建筑物的地下室和半地下室内，库内不得设置办公室、休息室。普通货物仓库内不得设置休息室，设置办公室时，与库房之间必须采取防火分隔措施。

10. 危险货物的受理、装卸、储存和运输，应严格执行《铁路危险货物运输管理规则》《铁路货物装卸安全技术规则》等有关规定。

（二）电气管理

1. 货物仓库的电气装置，应符合国家有关电气设计规范和施工安装验收标准的规定。危险货物仓库、油库的电气和防雷装置，应符合《爆炸危险环境电力装置设计规范》《建筑物防雷设计规范》等有关规定。

2. 货物仓库使用新型照明灯具，必须报经主管部门批准。仓库内照明设备的开关、配电盘必须安装在库外，禁止使用不合格的保险装置。仓库内敷设的配电线路，应穿套金属管或难燃硬塑料管保护。

仓库内不得超负荷用电，不得使用电炉、电烙铁、电熨斗、电热水器、电暖器、电饭锅、微波炉等电热器具和电视机、电冰箱等家用电器。

3. 存放危险货物和易燃货物的仓库内不准安装使用移动照明灯具，应使用专用的防爆型库房灯具。

装卸作业时，货车内使用的移动式照明灯具应采用安全电压，其变压器、开关、电源插座不准安装在库内。

（三）器材管理

1. 仓库内应当按照国家有关消防技术规范，设置、配备消防设施和器材。

2. 消防器材应当设置在明显和便于取用的地点，周围不准堆放物品和杂物。

3. 仓库的消防设施、器材，应当由专人管理，负责检查、维修、保养、更换和添置，保证完好有效，严禁圈占、埋压和挪用。

4. 甲、乙、丙类物品国家储备库、专业性仓库及其他大型物资仓库，应当按照国家有关技术规范的规定安装相应的报警装置，附近有公安消防队的宜设置与其直通的报警电话。

5. 对消防水池、消火栓、灭火器等消防设施、器材，应当经常进行检查，保持完整好用。地处寒区的仓库，寒冷季节要采取防冻措施。

6. 库区的消防车道和仓库的安全出口、疏散楼梯等消防通道，严禁堆放物品。

四、货场、仓库火灾处置

1. 火灾报警

货场、仓库发生火灾时，应立即向当地公安消防部门报警并向单位管理人员报告。火灾报警应简要明确报告着火单位、火灾发生准确位置、火势大小、燃烧物质、报警人姓名及联系电话等，同时派员引导消防车及消防人员及时进入火场施救。

2. 应急疏散

发生火灾，首先是救人并疏散群众，尽可能减少人员伤亡。疏散场内无关车辆及运输物资，隔离火场周围易燃物。发现伤势严重人员，迅速通知医院急救。

3. 迅速施救

按照火灾应急处置预案，使用仓库设置的灭火设施、器材，根据火灾现场实际情况，在保证人身安全的前提下，根据燃烧货物的性质，按照正确有效的灭火方案和火灾扑救措施扑救初起火灾。对建有消防水池、设置消防水泵的，由专人负责消防给水、加压，并引导消防队，指明消火栓位置，配合消防队员现场扑救。

4. 减少损失

灭火救援中要千方百计防止火势蔓延，抢救仓库中货物和物资，并尽可能减少次生灾害。

5. 事故处理

火灾事故责任以公安消防部门认定的起火原因为依据，事故处理按《铁路货物损失处理规则》执行。

第七节　铁路客车停留存放消防安全管理

一、消防安全管理方针及原则

铁路客车停留存放消防安全管理贯彻“预防为主，防消结合”的方针，按照“国铁集团统一领导，所属单位全面负责，职工群众积极参与”的原则，严格落实“管行业必须管安全、管业务必须管安全、管生产经营必须管安全”，以及“领导负责、分工负责、专业负责、岗位负责”的要求，实行消防安全责任制。

二、基本规定

1. 各铁路局集团公司应按“相对集中，易于看守”的原则，合理规划、设置铁路客车停留存放场所。

铁路客车停留存放场所包括：动车组运用所，客车技术整备所（客技站），动车组、客车、路用客车集中存放场所，临时存放动车组、客车的车站和停留线等。

2. 动车组、客车、路用客车停留存放期间必须进行看守。各铁路局集团公司应制定看守制度，明确责任主体，完善安全设施，加强考核监督，落实看守措施，确保消防安全。

3. 运输、机务、工务、电务、供电、客运、车辆等业务部门应加强停留存放动车组、客车、路用客车的消防安全管理，组织实施看守工作，定期检查，严格考核，落实责任。

安全监察部门实施监督检查，发现隐患，督促整改。保卫部门组织指导相关部门制定有关客车停留存放消防管理制度，并督促落实。

4. 铁路客车停留存放场所与周围建筑物的防火间距应符合消防规范的规定，设置消防车道，并与公路、道路连通，保持畅通。

5. 铁路客车停留存放场所应配备相应的消防设施、器材，交通、通信工具，以及监控等安防设施，落实维护保养制度，确保完好有效。

6. 铁路客车停留存放场所应实行封闭式管理，防止闲杂人员进入。

7. 及时清除停留存放铁路客车周围的杂草、垃圾，严禁在站场内焚烧杂草、垃圾。

8. 负责看守停留存放铁路客车的人员必须经过消防安全教育和培训，达到“四懂四会”（懂得本岗位的火灾危险性、懂得预防火灾的措施、懂得扑救火灾的方法、懂得逃生的方法，会使用消防器材、会报警、会扑救初起火灾、会组织疏散逃生），具备应急处置能力。

9. 看守人员防火巡查每 2 h 不少于 1 次，发现异常，立即报告，妥善处置。严禁当班睡觉、饮酒、打牌和擅离职守。保洁人员作业完毕后，必须下车。

10. 铁路客车看守应建立工作台账，内容包括：交接班登记、防火巡查记录、监督检查记录等。

11. 针对节日和季节性特点对铁路客车停留存放场所周围群众开展消防安全宣传，加强看守工作，防止燃放烟花爆竹、烧荒引发火灾事故。

12. 加强铁路客车停留存放场所治安综合治理，及时清理闲杂人员。

三、看守管理

1. 动车组和客车终到或入库后，由列车长、随车机械师或车辆乘务员对全列进行检查，确认设备状态正常，无遗留火种和闲杂人员。入库作业完毕后，应全列断电、关闭车门。

2. 动车组在动车组运用所停留存放时，由动车段（所）负责看守。动车组出动车组运用所后停留期间，车下由铁路客车停留存放场所所属单位负责，看守人员不得上车。

3. 运用客车在客车技术整备所（客技站）停留存放期间，车下由车辆段负责看守。运用客车出客车技术整备所（客技站）后停留期间，车下由铁路客车停留存放场所所属单位负责，看守人员不得上车。车内使用燃煤炉、灶且处于点火（压火）状态时，由客运部门负责车内看守，行李车、邮政车等有处于点火（压火）状态的燃煤炉、灶时，由使用单位派人看守。

4. 备用客车由铁路客车停留存放场所所属单位负责看守。下线客车存放前必须进行消防安全检查，按有关规定办理交接，切断电源，灭火清灰，封闭锅炉、茶炉间门，锁闭门窗。

5. 路用客车（含试验、检测、维修车，大型机械化养路用车、工务宿营车等）停留存放期间由使用单位负责看守：

（1）定时巡视车厢，检查门窗锁闭情况，防止闲杂人员进入。

（2）检查车内用火用电设备、消防设施和器材，及时发现并消除隐患。

（3）检查餐车、发电车等重点部位值班人员在岗情况和设备运行情况，并做好记录。

（4）督促车上人员遵守消防安全管理规定，制止违章行为。

（5）在基地存放前必须进行消防安全检查，断电灭火，锁闭门窗。

四、消防设施和器材

1. 铁路客车停留存放场所消防设施、器材应符合下列规定：

（1）设置消防给水系统。消防给水管道应采用环状，消防用水量不应小于 20 L/s，水枪充实水柱不应小于 10 m。除按规定沿消防车道设置室外消火栓外，应每隔两条线在股道间设置口径为 65 mm 的双阀双出口消火栓，其间距不应大于 50 m，并按规定配备水带、水枪。

（2）动车组运用所、客车技术整备所（客技站）、客车集中存放场所应设置视频安防监控系统（具备火灾探测报警功能）和消防广播系统。

（3）在合理位置设置消防点。消防点不应少于 2 处，每处配备 35 kg 推车式 ABC 干粉和 35 L 水基型灭火器各 5 具（喷射软管长度不应小于 10 m）、4 kg 手提式 ABC 干粉和 6 L 水基型灭火器各 10 具，过滤式消防自救呼吸器 5 具，消防斧 2 把，消防梯 2 个。

（4）动车组运用所、客车技术整备所（客技站）、客车集中存放场所应配备巡逻车（微型消防巡逻车），车上配备4 kg手提式ABC干粉灭火器5具、消防斧1把、折叠梯1个。

（5）看守人员应配备应急通讯器材。

2. 无消防车道和消防水源的临时停留存放客车场所，除按上述要求设置消防点外，还应配备移动式高压细水雾灭火装置2套（水箱储量不小于1 m^3）。

五、火灾应急处置

1. 各铁路局集团公司应制定《停留存放铁路客车火灾事故应急预案》，预案演练每半年不少于1次。

2. 停留存放铁路客车发生火灾时，事故现场的工作人员或者其他人员应立即拨打119报警，并向列车调度员和有关单位和部门报告，各有关单位和部门接到报告后，应按规定逐级上报，立即启动应急预案，迅速有效进行处置。应急处置的基本要求：

（1）统一指挥。发生火灾时，由铁路客车停留存放场所负责人统一指挥，启动停留存放铁路客车火灾事故应急预案，组织人员按照预案实施扑救，同时组织调车机车赶赴现场。消防救援机构到达后，由其统一指挥。

（2）迅速扑救。发现火灾后，看守人员在报警的同时应立即使用灭火器和消防给水设施进行扑救。

（3）切断火源。调车机车到达现场后，应迅速将起火车厢与其他车厢分离，切断火源，防止火势蔓延。

（4）保护现场。在扑救火灾的同时，铁路工作人员应维护现场秩序，防止发生混乱，禁止无关人员进入，保护火灾现场。未经事故调查部门同意不得擅自清理火灾现场。

（5）调查取证。看守人员应协助事故调查部门调查火灾情况，积极提供线索。安全监察部门负责组织开展内部调查。

第八节　办公场所消防安全管理及应急处置

一、办公场所火灾成因

（一）吸烟不慎

吸烟是引发办公场所火灾的主要原因。烟蒂等细小火源温度可达 800 ℃以上，容易引燃布、棉、麻、丝及纸张（这些物质的燃点约为 200 ℃）。

（二）电气故障

办公场所内有大量的办公、生活电气线路和电器设备，耗电量大，容易出现电气设备过载运行、电气线路接头接触不良、电气线路短路等现象，如果使用、管理、维护不当，就会引发火灾事故。

（三）明火管理不严

维修建筑和设备，进行电气焊、烘烤、切割等明火作业过程，不遵守相应安全管理制度，未采取有效的防火措施，飞溅出的大量火星和熔渣引燃周围可燃物，进而引起火灾。

二、办公场所火灾特点

（一）燃烧猛烈

由于高层建筑内部具有大量的可燃易燃物，一旦发生火灾，火势就会迅速蔓延扩大，使建筑构件和大量物品被烧毁。

（二）蔓延迅速

由于高层建筑各种竖井、管道多，一旦发生火灾会迅速通过内墙、门、走廊、楼梯间、电梯井、管道井等向四周和上下蔓延。

（三）烟雾弥漫

高层建筑室内装修一般使用大量木材、纺织品、塑料、橡胶等制品，发生火灾时，燃烧产物会产生大量的浓烟和一氧化碳等有毒气体，严重影响生命安全。

（四）被困人员多

高层建筑发生火灾时，当楼梯间和电梯等主要通道被烟火封锁后，着火层的人员会被烟火围困。

（五）易形成立体燃烧

高层建筑发生火灾后，火势在“烟囱效应”的作用下，迅速通过内墙门、走廊等向上下楼层蔓延，形成立体式的燃烧。

（六）疏散难度大

在高层建筑中发生火灾，要把人员和贵重物品迅速疏散到地面，是一项相当艰巨的任务。

（七）扑救困难

高层建筑发生火灾时，普通电梯是不能使用的，即使是消防专用电梯在火灾中也是不可靠的，扑救人员还是要靠大楼内的疏散楼梯上楼灭火，着火层越高，消防队员到达着火层的时间就越长，火势发展越大，燃烧面积也就越大，消防人员受到火势的威胁也越大，扑救也就更加困难。

三、办公场所消防安全管理

1. 办公室、楼道内禁止吸烟，在规定区域吸烟。

2. 及时清理办公室内外的各种易燃物品，如废纸、垃圾等。

3. 正确使用办公室电器设备，不乱接电源线，不超负荷用电。

4. 定期检查电线及用电设备，及时更换老化电器设备和线路。

5. 将智能电器的电源管理设成省电模式，不用时自动“休眠”降低功耗，避免产生火灾隐患。

6. 下班时关闭电源开关，确保人走电断。

7. 不在走廊、楼梯口等处堆放杂物，确保通道和安全出口的通畅。

8. 不损坏或堵塞消防设施、器材，熟知办公场所的应急逃生路线图。

9. 定期组织职工进行消防演习。

四、办公场所火灾处置

1. 办公大楼内任何人员发现火情后，应立即大声呼喊报警并按下附近的手动报警按钮（或拨打电话）向本单位消防保卫部门报告火情。

2. 消防控制室值班人员接到报警信号后，应立即切断失火楼层电源，并关闭空调，将电梯迫降到一楼，启动消防水泵，打开消防器材室，并拨打119火灾报警电话。汇报本单位有关部门、应急领导小组（办公室）。

3. 消防控制室派出值班人员或保安人员到达报警部位，根据实际情况利用附近的灭火器材扑救初起火灾。

4. 办公大楼楼层消防警铃报警后，各部门负责人应立即组织本部门人员及来访客人迅速从大楼两侧疏散楼梯撤离（严禁搭乘电梯撤离），撤离人员在撤离时应关闭楼道内的防火门。值班人员应确认楼道防火门已关闭并做好防烟及随时撤离的准备。如火灾直接威胁到值班人员生命安全时，应立即疏散到安全地点。

5. 当人员疏散到户外安全地带后，各部门应及时清点人数，并向现场单位领导报告疏散情况。

6. 应急领导小组、消防应急工作组应立即组织本单位义务消防队人员及其他抢险救援人员开展火灾扑救等应急处置工作。

7. 公安消防人员到达现场后，在本单位应急领导小组与消防应急工作组的指挥、组织下，全力配合开展现场应急处置。

办公场所火灾事故处置流程如图 3-1 所示。

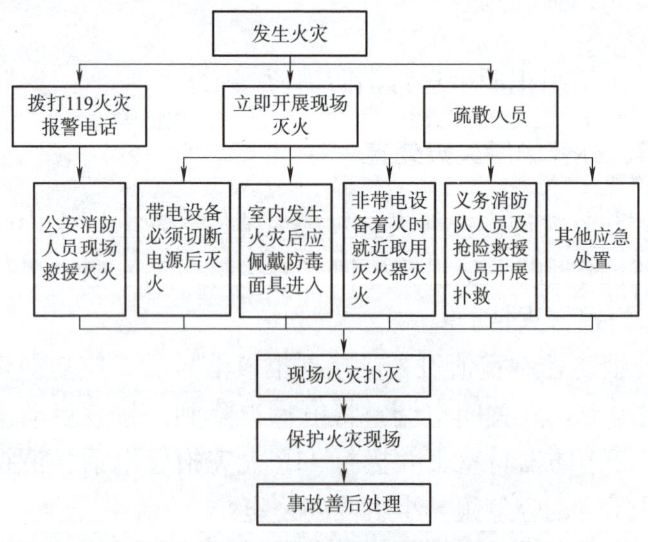

图 3-1　办公场所火灾事故处置流程

第四章　铁路消防设施、器材配置及使用

第一节　常用消防设施、器材

一、常用消防设施

消防设施是指火灾自动报警系统、自动灭火系统、消火栓系统、防烟排烟系统，以及应急广播和应急照明、安全疏散设施等。

（一）火灾自动报警系统

火灾自动报警系统是探测火灾早期特征、发出火灾报警信号，为人员疏散、防止火灾蔓延和启动自动灭火设备提供控制与指示的消防系统。火灾自动报警系统由触发装置、火灾报警装置、联动输出装置及其他具有辅助功能装置组成。发生火灾时，由触发装置发出报警信号，火灾报警控制器接收到报警信号，就会以声、光形式通知人员疏散。火灾自动报警系统应设置手动和自动触发报警装置。

1. 火灾声光报警器

火灾声光报警器用于事故现场进行声音报警和闪光报警，尤其适用于报警时能见度低或事故现场有烟雾产生的场所，如图 4-1 所示。

图 4-1　火灾声光报警器

2. 火灾探测器

火灾探测器是对现场进行探查，发现火灾的设备。它的作用是监视环境中有无火灾发生。一旦有了火情，就将火灾的特征物理量，如温度、烟雾、气体和辐射光强等转换成电信号，并立即动作向火灾报警控制器发送报警信号，如图 4-2 所示。

图 4-2　火灾探测器

3. 手动火灾报警按钮

手动火灾报警按钮是手动触发装置，按下按钮上的有机玻璃片，可向火灾报警控制器发出信号，如图 4-3 所示。火灾报警控制器接收到报警信号后，会显示出报警按钮的编号或位置，发出报警声响，提示人员及时逃生。

图 4-3　手动火灾报警按钮

（二）自动灭火系统

自动灭火系统是指能够在发生火灾时自动检测、控制和扑灭火灾的系统。自动灭火系统包括自动喷水、水喷雾、七氟丙烷、二氧化碳、泡沫、干粉、细水雾、固定水炮灭火系统等及其他自动灭火装置，对于扑救和控制建筑物内的初起火，减少损失、保障人身安全，具有十分明显的作用，在各类建筑内应用广泛，是公认的最为有效的自动灭火设施。自动灭火系统根据灭火介质的不同，一般可分为自动喷水灭火系统、自动气体灭火系统、自动干粉灭火系统等。其中，自动喷水灭火系统是公认的最为有效，也是应用最广泛、使用量最大的自动灭火系统。该系统主要由洒水喷头（图 4-4）、报警阀组、水流报警装置（水流指示器或压力开关）等组件，以及管道、供水设施组成，并能在发生火灾时自动喷水灭火。

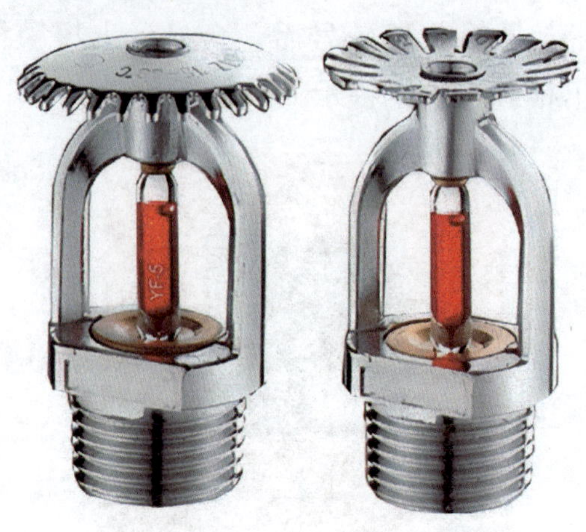

图 4-4　洒水喷头

（三）消火栓系统

消火栓系统是一种固定式消防设施，由供水设施、消火栓、配水管网和阀门等组成。以建筑物外墙为界可分为室内消火栓系统和室外消火栓系统；按照消防给水管网平时是否充水可分为湿式消火栓系统和干式消火栓系统两类。

1. 室外消火栓系统

室外消火栓系统主要供消防人员使用，起到扑救室外火灾、控制“飞火”，以及向室内消防给水系统、消防车等提供水源的作用。按室外消防给水管网是否充水，分为干式和湿式两种。干式室外消火栓系统的组成较为简单，一般由干式室外消防给水管网、室外消火栓（或带保护箱体）、雨淋阀（干式报警阀）、消防水源等组成；而湿式室外消火栓系统主要由消防水源、供水设施、室外消防给水管网、室外消火栓（图 4-5）等组成。

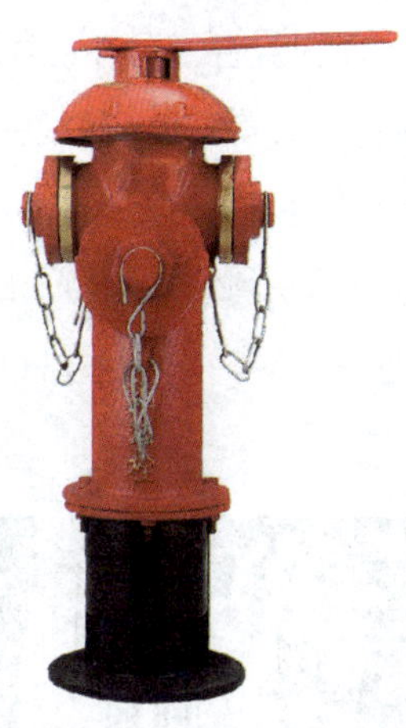

图 4-5　室外消火栓

室外消火栓系统设置应符合下列规定：

（1）室外消火栓的设置间距、室外消火栓与建（构）筑物外墙、外边缘和道路路沿的距离，应满足消防车在消防救援时安全、方便取水和供水的要求。

（2）当室外消火栓系统的室外消防给水引入管设置倒流防止器时，应在该倒流防止器前增设一个室外消火栓。

（3）室外消火栓的流量应满足相应建（构）筑物在火灾延续时间内灭火、控火、冷却和防火分隔的要求。

（4）当室外消火栓直接用于灭火且室外消防给水设计流量大于 30 L/s 时，应采用高压或临时高压消防给水系统。

2. 室内消火栓系统

室内消火栓系统在建筑物内使用广泛，主要用于扑灭初起火灾。在建筑高度超过消防车供水能力时，室内消火栓系统除扑救初起火灾外，还要扑救较大火灾。按室内消防给水管网是否充水，分为干式和湿式两种。干式室内消火栓系统组成较为简单，主要由干式消防竖管、室内消火栓（图 4-6）、雨淋阀（干式报警阀）、消防水源、供水设施等组成；湿式室内消火栓大体可分为四个部分，即：消防水源，由城乡给水管网、天然水源或消防水池担任；消防供水设施，包括进水管、水平干管、消防竖管等；室内消火栓设备，包括消火栓或消防卷盘；阀门。

图 4-6　室内消火栓

室内消火栓系统设置应符合下列规定：

（1）室内消火栓的流量和压力应满足相应建（构）筑物在火灾延续时间内灭火、控火的要求。

（2）环状消防给水管道应至少有两条进水管与室外供水管网连接，当其中一条进水管关闭时，其余进水管应仍能保证全部室内消防用水量。

（3）在设置室内消火栓的场所内，包括设备层在内的各层均应设置消火栓。

（4）室内消火栓的设置应方便使用和维护。

（四）防排烟系统

防排烟系统并不是单一系统，而是防烟系统和排烟系统两个系统的总称。防烟系统通过采用自然通风方式，防止火灾烟气在楼梯间、前室、避难层（间）等空间内积聚，或通过采用机械加压送风方式阻止火灾烟气侵入楼梯间、前室、避难层（间）等空间的系统，防烟系统分为自然通风系统和机械加压送风系统。排烟系统是采用自然排烟或机械排烟的方式，将房间、走道等空间的火灾烟气排至建筑物外的系统，分为自然排烟系统和机械排烟系统。防排烟系统一般由风机（图 4-7）、风阀、风管（图 4-8）、风口等组成。

图 4-7　风机

图 4-8　风管

（五）消防应急广播和应急照明

1. 消防应急广播

消防应急广播是指完整的消防应急广播系统，通常包括控制和指示装置、声频功率放大器、传声器、扬声器、广播分配装置、电源装置等部分。它是在火灾事故发生时通过控制功率放大器和扬声器进行应急广播的设备，它的主要功能是向现场人员通报火灾发生，指挥并引导现场人员疏散，如图 4-9 所示。

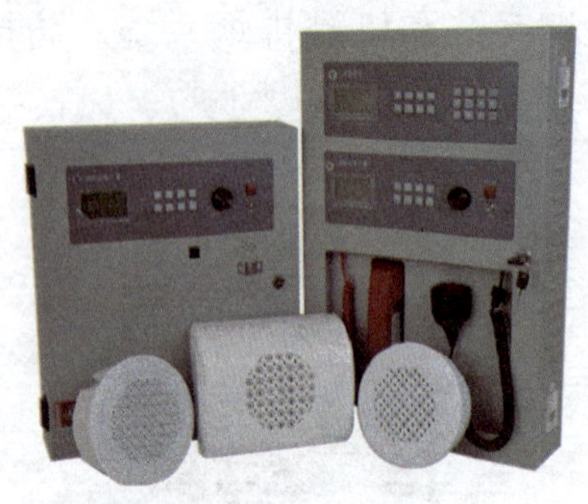

图 4-9　消防应急广播

2. 消防应急照明

消防应急照明是为人员疏散、消防作业提供照明的消防应急灯具（其中，发光部分为便携式的消防应急照明灯具也称为疏散用手电筒）。消防应急灯具平时利用外接电源供电，在断电时自动切换到电池供电状态，断电后持续发光时间不小于 90 min。消防应急照明的设置位置包括：设在楼梯间的墙面或休息平台板下，设在走道的墙面或顶棚的下面，设在厅、堂的顶棚或墙面上，设在楼梯口、太平门的门口上部。当发生火灾或停电时，消防应急灯具会自动工作照明，指示人们安全通道和出口的位置，缩短人们到达安全区域的时间，如图 4-10 所示。

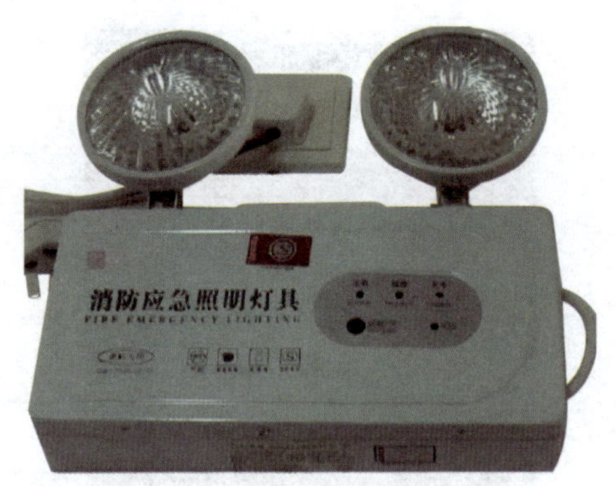

图 4-10　消防应急照明灯具

（六）安全疏散设施

安全疏散设施包括安全出口、疏散楼梯、疏散走道、消防电梯，以及供人员疏散的指示标志、应急灯等。建筑物在搭建时，需根据相关要求，设计好安全疏散设施，并每隔一段时间做一次检修，以确保正常使用。

1. 安全出口

建筑物内发生火灾时，为了减少损失，需要把建筑物内的人员和物资尽快撤到安全区域，这就是火灾时的安全疏散，凡是符合安全疏散要求的门、楼梯、走道等都称为安全出口。如建筑物的外门、着火楼层梯间的门（图 4-11）、防火墙上所设的防火门、经过走道或楼梯能通向室外的门等，都是安全出口。

对于安全出口，日常需要保证其畅通无阻，不可将杂物堆积到过道或者安全出口附近，以免造成堵塞，影响到紧急情况时人员疏散。布置安全出口要遵照“双向疏散”的原则，即经常停留人员的建筑物内任意地点，均宜保持有两个方向的疏散路线，使疏散的安全性得到充分的保证。

图 4-11　防火门

2. 疏散楼梯

当建筑物发生火灾时，普通电梯没有采取有效的防火、防烟措施，且供电中断，一般会停止运行，上部楼层的人员只有通过楼梯才能疏散到室外的安全区域。因此，楼梯是最主要的垂直疏散设施。疏散楼梯包括普通楼梯、封闭楼梯、防烟楼梯及室外疏散楼梯等四种。疏散楼梯（室外疏散楼梯除外）均应做成楼梯间，围成楼梯间的墙皆应是耐火极限不低于 2.5 h 的非燃烧体。

3. 疏散走道

从建筑物着火部位到安全出口的路线称为疏散走道，也就是指建筑物内的走廊或过道。疏散走道不宜过长，应该能使人员在有限的时间内到达安全出口。疏散走道应宽敞明亮，尽量减少转折。在疏散走道内应设有防排烟措施、疏散指示标志和应急照明。

4. 消防电梯

高层建筑发生火灾时，要求消防队员迅速到达起火部位，扑灭火灾和救援遇难人员，如果消防队员从楼梯登高体力消耗很大，难以有效地开展灭火，而且还要受到疏散人流的冲击，因此设置消防电梯，有利于消防队员迅速登高，而且消防电梯前室还是消防队员进行灭火战斗的立足点，也是救治遇难人员的临时场所。

5. 疏散指示标志

疏散指示标志是用于指示疏散方向和（或）位置、引导人员疏散的标志。一般由疏散通道方向标志、疏散出口标志或两种标志组成，如图 4-12 所示。疏散指示标志一般设在疏散走道和主要疏散路线的地面上或靠近地面的墙上，对安全疏散起到很好的指示作用，可以更有效地帮助人们在浓烟弥漫的情况下，及时识别疏散位置和方向，迅速沿发光疏散指示标志顺利疏散，避免造成伤亡事故。

图 4-12　安全出口标志

6. 安全疏散设施管理制度

安全疏散设施管理制度的内容应明确消防安全疏散设施

管理的责任部门和责任人，定期维护、检查的要求，确保安全疏散设施的管理要求。安全疏散设施管理应符合下列要求：

(1) 确保疏散通道、安全出口的畅通，禁止占用、堵塞疏散通道和楼梯间。

(2) 人员密集场所在使用和营业期间疏散出口、安全出口的门不应锁闭。

(3) 封闭楼梯间、防烟楼梯间的门应完好，门上应有正确启闭状态的标识，保证其正常使用。

(4) 常闭式防火门应经常保持关闭。

(5) 需要经常保持开启状态的防火门，应保证其火灾时能自动关闭；自动和手动关闭的装置应完好有效。

(6) 平时需要控制人员出入或设有门禁系统的疏散门，应有保证火灾时人员疏散畅通的可靠措施。

(7) 安全出口、疏散门不得设置门槛和其他影响疏散的障碍物，且在其 1.4 m 范围内不应设置台阶。

(8) 消防应急照明、安全疏散指示标志应完好有效，发生损坏时应及时维修、更换。

(9) 消防安全标志应完好、清晰，不应遮挡。

(10) 安全出口、公共疏散走道上不应安装栅栏、卷帘门。

(11) 窗口、阳台等部位不应设置影响逃生和灭火救援的栅栏。

(12) 在旅馆、餐饮场所、商店、医院、公共娱乐场等各楼层的明显位置应设置安全疏散指示图，指示图上应标明疏散路线、安全出口、人员所在位置和必要的文字说明。

（13）举办展览、展销、演出等大型群众性活动，应事先根据场所的疏散能力核定容纳人数。活动期间应对人数进行控制，采取防止超员的措施。

二、常用消防器材

（一）灭火器

灭火器是指在内部压力下，将充装的灭火剂喷出，以扑灭火灾的灭火器材。灭火器主要是由筒体、器头、喷嘴等部件组成（图 4-13），是扑救初起火灾的重要消防器材。灭火器按所充装的灭火剂可分为干粉灭火器、泡沫灭火器、二氧化碳灭火器、清水灭火器、卤代烷灭火器等类型。

图 4-13 灭火器

1. 干粉灭火器

干粉灭火器内充装的是干粉灭火剂，干粉灭火剂一般分为 BC 干粉灭火剂（碳酸氢钠等）和 ABC 干粉灭火剂（磷酸铵盐等）两大类。干粉灭火剂是用于灭火的干燥且易于流动的微细粉末，由具有灭火效能的无机盐和少量的添加剂经干燥、粉碎、混合而成微细固体粉末组成。利用压缩的二氧化碳吹出干粉（主要含有碳酸氢钠或磷酸铵盐）来灭火。干粉灭火器适用于扑救石油及其制品、可燃液体、可燃气体、可燃固体物质的初起火灾。由于干粉有5万V以上的电绝缘性能，因此也能扑救带电设备火灾，广泛应用于工厂、矿山、油库及交通等场所。

干粉灭火器适用范围：碳酸氢钠干粉灭火器适用于易燃、可燃液体、气体及带电设备的初起火灾；磷酸铵盐干粉灭火器除可用于上述几类火灾外，还可扑救固体类物质的初起火灾。但都不能扑救轻金属燃烧的火灾。

2. 泡沫灭火器

泡沫灭火器内有两个容器，分别盛放两种液体，即硫酸铝和碳酸氢钠溶液，两种溶液互不接触，不发生任何化学反应。(平时千万不能碰倒泡沫灭火器）当需要泡沫灭火器时，将灭火器倒立，两种溶液混合在一起，就会发生化学反应产生大量的二氧化碳气体。此外，灭火器中还加入了一些发泡剂。打开开关，泡沫从灭火器中喷出，覆盖在燃烧物上，使燃着的物质与空气隔离，并降低温度，达到灭火的目的。泡沫灭火器的适用范围是A类、B类火灾，不适用带电火灾和C、D类火灾。抗溶泡沫灭火器还可以扑救水溶性易燃、可燃液体火灾。

3. 二氧化碳灭火器

二氧化碳灭火器瓶体内储存液态二氧化碳，使用时压下瓶阀的压把，内部的二氧化碳灭火剂便由虹吸管经过瓶阀到喷筒喷出，使燃烧区氧的浓度迅速下降，当二氧化碳达到足够浓度时火焰会窒息而熄灭，同时由于液态二氧化碳会迅速气化，在很短的时间内吸收大量的热量，因此对燃烧物起到一定的冷却作用，也有助于灭火。

二氧化碳灭火器适用于扑救易燃液体及气体的初起火灾，也可扑救带电设备的火灾。常应用于实验室、计算机房、变配电所，以及对精密电子仪器、贵重设备或物品维护要求较高的场所，即其适用范围是A、B类火灾和低压带电火灾。

4. 清水灭火器

清水灭火器中的灭火剂为清水。水在常温下具有较低的黏度、较高的热稳定性、较大的密度和较高的表面张力，是一种使用广泛的天然灭火剂，具有易于获取和储存的优点。在灭火时，由水汽化产生的水蒸气将占据燃烧区域的空间，稀释燃烧物周围的氧含量，阻碍新鲜空气进入燃烧区，使燃烧区内的氧浓度大大降低，从而达到窒息灭火的目的。当水呈喷淋雾状时，形成的水滴和雾滴的比表面积将大大增加，增强了水与火之间的热交换作用，从而强化了其冷却和窒息作用。清水灭火器主要用于扑救固体物质火灾，如木材、棉麻、纺织品等初起火灾。

5. 卤代烷灭火器

卤代烷灭火器是充装卤代烷灭火剂的灭火器，卤代烷灭火剂是以卤素原子取代一些低级烷烃类化合物分子中的部分或全部氢原子后所生成的具有一定灭火能力的化合物的总称。卤化烷灭火剂对大气臭氧层有一定的破坏作用，目前二氟一氯一溴甲烷（1211）灭火器和三氟一溴甲烷（1301）灭火器已经列入国家淘汰灭火器目录。

（二）消防水带

消防水带是用来运送高压水或泡沫等阻燃液体的软管，

如图 4-14 所示。消防水带的两头都有金属接头，可以接上另一根水带以延长距离或是接上喷嘴以增大液体喷射压力。

图 4-14　消防水带

消防水带使用时应注意以下几方面：

（1）铺设时应避免骤然曲折，以防止降低耐水压的能力；还应避免扭转，以防止充水后水带转动而使内扣式水带接口脱开。

（2）充水后应避免在地面上强行拖拉，需要改变位置时要尽量抬起移动，以减少水带与地面的磨损。

（3）应避免与油类、酸、碱等有腐蚀性的化学物品接触。

（4）在可能有火焰或强辐射热的区域，应采用棉或麻质水带。

（5）消防水带用毕应清洗干净，无衬里水带要挂晒，干后盘卷保存于阴凉干燥处。

（6）使用过程中如发现有破损小孔，应用水带包布裹紧，事后尽早织补或粘补；当出现明显破损时，应停止使用。

(7) 车辆需通过铺设中的水带时，应事先在通过部位安置水带护桥。

(8) 铺设时如需通过铁路，应从铁轨下面通过。

(9) 寒冷地区建筑物外部应使用有衬里水带，以免水带冻结。

(三) 消防水枪

消防水枪是由单人或多人携带和操作的以水作为灭火剂的喷射管枪，如图 4-15 所示。消防水枪通常由接口、枪体、开关和喷嘴或能形成不同形式射流的装置组成。按水枪喷射的灭火水流形式可分为直流水枪、喷雾水枪、直流喷雾水枪、多用水枪。

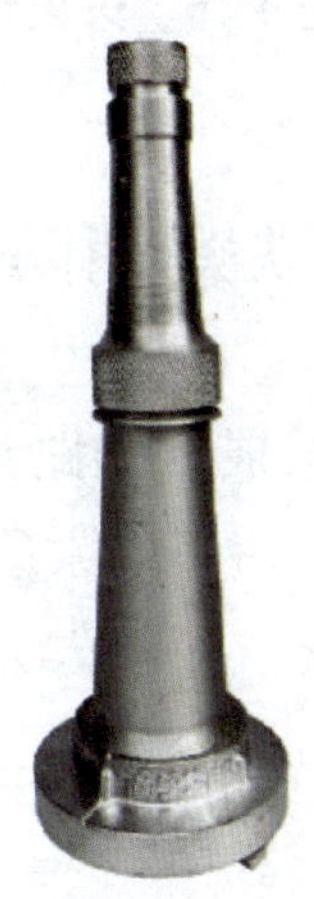

图 4-15　消防水枪

(四) 灭火毯

灭火毯是由不燃织物编织而成，用于扑灭初起小面积火的毯子，如图 4-16 所示。灭火毯能够起到隔离热源及火焰的作用，可用于扑灭油锅火，或者在出现火灾意外后披在身上逃生，可以大大减少被烧伤的危险。

图 4-16　灭火毯

第二节　铁路消防设施配置

铁路车站消防设施是根据铁路运输特性和需求设置的，是车站具备火灾扑救能力和其他紧急处置能力的基本要素之一，是车站确保预防火灾、扑救火灾、抢险救援工作成效的重要环节。

一、室外消防给水

（一）基本要求

室外消防给水系统，是指设置在建筑物外部的消防给水工程设施。其任务是通过室外消火栓为消防车等消防设备提供消防用水，或通过进户管为室内消防给水设备提供消防用水。

铁路工程涉及消防用水时应该同时设计消防给水系统。铁路消防给水的扑救对象包括站段（所）、站场建筑消防给水系统和扑救列车火灾用水两部分。铁路消防给水利用地表水时应确保枯水期最低水位时消防用水的要求。无生产、生活给水设施的分区所、自耦变压器所、开闭所、中继站、基站及其他小型信号、通信、信息设备用房可不设置室外消防给水系统。

（二）消防水池

消防水池是人工建造的储存消防用水的构筑物，是天然水源或市政给水管网的一种重要补充手段。消防用水宜与生活、生产用水合用一个水池，既可以降低造价，又可以保持水质不变。必要时，亦可建成独立的消防水池。

1. 设置消防水池情况

具有下列情况时应设消防水池：

（1）长度5.0 km及以上的客货共线铁路隧道两端的洞口处宜设置高位水池。

（2）设置消火栓系统的铁路隧道紧急救援站。

（3）客车给水、生产、生活用水量达到最大时，站区管网供水能力不能满足消防用水量要求时。

（4）给水系统流量、压力不满足扑灭列车火灾消防要求的车站。

2. 消防水池有关规定

消防水池应符合下列规定：

（1）消防水池容量应满足火灾延续时间内室内消防用水量与室外消防用水量不足部分之和的要求。火灾延续时间指扑灭火灾所需的最短时间间隔，不同场所火灾延续时间不应小于表 4-1 的规定。

表 4-1 不同场所火灾延续时间

序号	场所名称	火灾延续时间/h
1	中型及以下旅客车站和其他中间站、越行站、会让站站台，内燃机车检修所，集装箱货场	1.0
2	编组站调车场，大型及以上旅客车站站台，隧道紧急救援站，牵引变电所	2.0
3	铁路货场仓库、包裹房、货车装卸站台、洗罐所、内燃机车整备库、动车检修库、客车检车库、客车整备线、客车停留线、备用客车存放线、机械冷藏车修车库及整备线、大型养路机械停留线	3.0
4	仓库总建筑面积 1 000 m^2 及以上的危险品货场、长度 5 km 及以上的客货共线铁路隧道、口岸站油罐车换轮线（库）	4.0

（2）消防水池的吸水高度不应大于 6.0 m，确保消防车和机动消防泵取水，并能充分利用消防水池的水源。

（3）扑灭列车火灾的消防水池应设在基本站台，并可与旅客车站站房的消防水池合建，具体位置可结合车站实际情况确定。为提高扑救列车火灾的能力，作为消防水源的消防水池应尽可能靠近线路。

（4）设置水塔的站段（所），水塔具备消防供水条件时，可根据具体情况核减消防水池容量。

（三）消防给水管网

消防给水管网按消防水压要求分为三种类型：

1. 高压消防给水管网：高压给水管网内须经常保持足够的水压和消防用水量，火场上不需使用消防车或其他移动式消防水泵加压，直接从消火栓接出水带、水枪即可实施灭火。

2. 临时高压消防给水管网：临时高压消防给水管网内平时水压不高，发生火灾时，临时启动高压消防水泵，使管网内的供水压力达到高压消防给水管网的供水压力要求。

3. 低压消防给水管网：低压消防给水管网内平时水压较低，一般只负担提供消防用水量，火场上消防水枪所需的压力由消防车或其他移动式消防水泵加压产生。

铁路下列地点室外消防给水应采用高压或临时高压给水系统：

(1) 超出城镇消防站保护范围的站段（所）和货场仓库。

(2) 既有客车整备线（库）及备用客车存放线无法保证消防车进入的。

(3) 大型及以上客货共线铁路旅客车站和高速铁路、城际铁路旅客车站站台无法保证消防车进入的。

同一站区内的室外消防用水量，应按同一时间内火灾次数为一次的最大用水量确定。扑救列车火灾及其他消防用水量和水枪充实水柱不应小于表 4-2 的规定。

表 4-2 扑救列车火灾及其他消防用水量和水枪充实水柱最小值

序号	场所名称	消防用水量/（L/s）	水枪充实水柱/m
1	区段站、编组站调车场、区域性以上编组站出发场	15	10
2	洗罐所	15	13
3	大型及以下旅客车站和其他中间站、越行站、会让站站台	15	10

续上表

序号	场所名称	消防用水量/（L/s）	水枪充实水柱/m
4	特大型旅客车站站台、动车运用所动车停留线、内燃机车整备库、客车整备线（库）、备用客车存放线、机械冷藏车整备线、大型养路机械停留线、客车停留线	20	10
5	长度 5 km 及以上的客货共线铁路隧道	20	13
6	铁路隧道紧急救援站	20	13
7	口岸站油罐车换轮线、库（冷却用水）	20	13
8	集装箱货场	15	10
9	可燃液体车辆装卸站台	60	13

仓库建筑面积 1 000 m^2 及以上的危险品货场、仓库建筑体积 3 000 m^3 及以上的货场、客车整备线（库）、动车检查和检修库、动车运用所、动车停留线、客车停留线、口岸站油品换轮线（库）的室外消防给水管道应布置成环状。其他场所当室外消防用水量不大于 20 L/s 时，可布置为枝状。

旅客车站室外消防给水管道可与客车给水系统共用管网。

当室外采用高压或临时高压消防给水系统时，宜与室内消防给水系统合用。

（四）室外消火栓

铁路室外消火栓布置应符合下列规定：

（1）采用高压、临时高压给水系统的处所应选用有两个口径 65 mm 出水口的消火栓。

（2）管网供水能力满足消防要求时，中型及以下旅客车站和其他中间站、越行站、会让站应在基本站台两端设置消火栓。

（3）客货共线、高速铁路、城际铁路大型旅客车站基本站台应设置消火栓，其间距不应大于 100 m。其他站台两端应各设置一座消火栓。无基本站台的高速铁路、城际铁路旅客车站应选定一个站台，并应按基本站台的标准设置消火栓。

（4）特大型旅客车站各站台均应设置消火栓，消火栓间距不应大于 100 m。

（5）区段站、编组站的调车场，区域性及以上编组站的出发场应沿消防车道设置消火栓。

（6）客车整备线、动车组存车场（线）、客车存放线、备用客车存放线（场）、机械冷藏车整备线、大型养路机械存放线应每隔两条线在线路间设置消火栓，其间距不应大于 50 m。

（7）卸油线、口岸站油罐车换轮线（库）、洗罐线旁侧的消防车道应设置消火栓。

（8）长度 5 km 及以上的客货共线铁路隧道两侧洞口应各设置两座消火栓，消火栓距洞口距离不宜小于 50 m。

（9）铁路隧道紧急救援站内消火栓间距不应大于 50 m。

（10）卸油线室外消防用水量应符合《泡沫灭火系统设计规范》（GB 50151）的有关规定。

冷却用水量应按装卸站台一次灭火最大需水量和《消防给水及消火栓系统技术规范》（GB 50974）要求计算确定。

第三节　消防器材使用与保养

为了有效地扑救种类、形式各异的火灾，人们研制和使用了各种消防器材，消防器材是人类同火灾做斗争最有力的武器。只要人们掌握一定的消防常识，懂得常用灭火器材的使用方法，掌握扑灭初起火灾的措施，完全有可能把火灾扑灭在萌芽状态下。以下介绍几种常用消防器材的使用与维护保养方法。

一、常用消防器材使用

（一）手提式灭火器

手提式灭火器属于中、小规格的灭火器。可以手提移动，能在其内部压力作用下，将所装的灭火剂喷出以扑救火灾。手提式灭火器是最常见的消防器材，具有使用方便、价格低廉等优点。

手提式灭火器按驱动灭火器的压力形式，可分为贮气瓶式灭火器和贮压式灭火器。贮气瓶式灭火器的灭火剂由贮气瓶释放的压缩气体或液化气体的压力驱动，贮压式灭火器灭火剂由贮于灭火器同一容器内的压缩气体或灭火剂蒸气压力驱动，目前最为常见的是贮压式灭火器。

按充装的灭火剂分类，手提式灭火器可以分为干粉灭火器、水基型灭火器、二氧化碳灭火器、洁净气体灭火器（通常是六氟丙烷）。在选择灭火器的时候，一定要注意灭火器的火灾保护类别，即灭火器的适应范围，一般在灭火器标签上有明确标识。

手提式灭火器使用方法（图 4-17、图 4-18）：

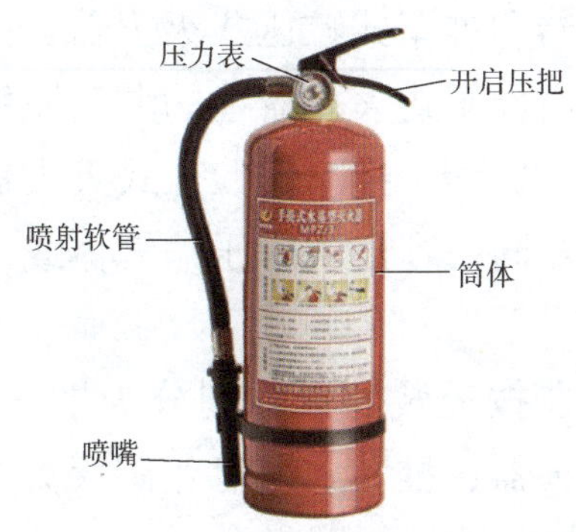

图 4-17　手提式灭火器组成

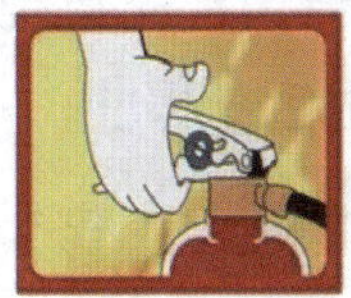
（1）提起灭火器

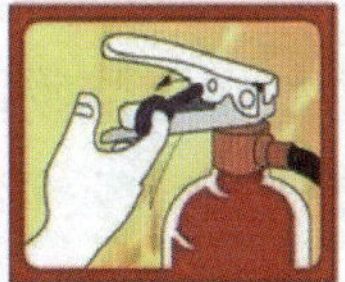
（2）拔下保险销

（3）用力压下压把

（4）对准火源根部扫射

图 4-18　手提式灭火器使用方法

1. 灭火时，持手提灭火器快速奔赴火场，在燃烧处附近放下灭火器。如在室外，应选择在上风方向喷射。

2. 除掉铅封，拔掉保险销。

3. 一手握住喷射软管前端喷嘴部，另一只手将开启压把压下，打开灭火器对准火源根部进行灭火。喷管左右摆动，喷射覆盖整个燃烧区。

（二）推车式灭火器

推车式灭火器是装有轮子，可由一人推（或拉）至火灾现场，并能在其内部压力作用下，将灭火剂喷出以扑救火灾的灭火器具。

推车式灭火器按驱动气体的贮存压力形式，可分为推车式贮气瓶式灭火器和推车式贮压式灭火器。推车式贮气瓶式灭火器的灭火剂由推车式灭火器上的贮气瓶释放的压缩气体或液化气体的压力驱动，推车式贮压式灭火器的灭火剂由贮存于推车式灭火器同一容器内的压缩气体或灭火剂蒸气压力驱动。

推车式灭火器按充装的灭火剂分为推车式干粉灭火器、推车式水基型灭火器、推车式二氧化碳灭火器、推车式清洁气体灭火器。

推车式灭火器使用方法：

1. 推车式干粉灭火器使用时一般两人配合。首先将推车式灭火器推（或拉）到火灾现场，在燃烧物附近处停止。

2. 其中一人取下喷粉枪，展开喷粉胶管，直至平直，注意不能弯折或打圈。

3. 另一人除掉铅封，拔出保险销。用手掌使劲按下灭火器阀门。

4. 一手把持喷粉枪管托，另一手把持枪把，用手指扳动喷粉开关，对准火焰喷射，不断靠前左右摆动喷粉枪，把干粉笼罩在燃烧区，直至把火扑灭为止。

5. 灭火结束后，首先关闭灭火器阀门，然后关闭喷粉开关。

（三）室内消火栓

室内消火栓又被称为固定消防设施，是室内管网向火场供水的，带有阀门的接口，为工厂、仓库、高层建筑、公共建筑等室内的固定消防设施，通常安装在消火栓箱内，与消防水带和水枪等器材配套使用。

室内消火栓使用方法如下：

1. 室内消火栓一般由两人操作。发生火灾时，应迅速打开消火栓箱门，紧急时可将玻璃击碎，按下内部火灾报警按钮，取出消防水带。

2. 向火场方向展开消防水带，注意避免扭折水带。

3. 一人连接好枪头和水带奔向起火点。

4. 另一人顺时针将水带连接到消火栓出水口上，待同伴赶到起火点附近后，逆时针打开阀门至最大。

5. 灭火人员双手紧握水枪，对准火源根部喷水灭火，直至把火扑灭为止。

在一些场所设置有带消防软管卷盘的消火栓，使用时打开卷盘阀门，展开水龙带，开启喷嘴阀门即可灭火。

注：电起火扑救要确定切断电源。

二、常用消防器材维护保养

（一）灭火器的维护保养

1. 日常检查

（1）检查压力是否在规定的范围内。

（2）检查保险销有无锈蚀，转动是否灵活，铅封是否完好。

（3）灭火器压把、阀体、顶针等金属件有无严重损伤、变形、锈蚀等。

（4）检查喷粉管有无老化。

（5）检查筒体有无变形，底部有无锈蚀。

（6）检查干粉是否结块。

（7）检查灭火器是否在有效使用期内。

（8）检查推车式灭火器车架上的转动部件是否松动，转动时是否灵活可靠。

（9）检查铭牌标注的项目是否清楚齐全。

2. 日常维护

（1）经常对表面、喷粉管及保险销进行清洁整理。

（2）定期对活动部位进行润滑保养。

（3）定期对筒体进行适当的晃动，防止干粉结块。

（4）当压力低于规定的范围或干粉严重结块时应申请维修或更换。

（5）干粉、二氧化碳灭火器出厂充装灭火剂五年后须进行水压试验，以后每隔两年进行一次。达到报废年限时应及时申请更换。

（二）消火栓的维护保养

1. 定期检查消火栓是否完好，有无生锈、漏水现象。

2. 检查接口垫圈是否完整无缺。

3. 消火栓阀杆上应定期加注润滑油。

4. 定期进行放水检查，以确保火灾发生时能及时打开放水。

5. 要定期检查卷盘、水枪、水带是否损坏，阀门、卷盘转动是否灵活，发现问题及时检修。

6. 定期检查消火栓箱门是否损坏，门锁是否开启灵活，拉环铅封是否损坏，水带盘转杆架是否完好，箱体是否锈死。发现问题要及时更换、修理。

7. 灭火后，要把水带洗净晾干，按盘卷或折叠方式放入箱内，再把水枪卡在枪夹内，关好箱门（或装好箱锁，换好玻璃）。

（三）自动灭火系统的维护保养

1. 检查试验喷淋管网末端试验装置是否正常（水压、流量是否达到要求）。

2. 检查试验水流指示器动作是否灵敏，报警是否及时准确，复位是否正常，消防中心是否有显示等。

3. 检查喷淋头、管道是否完好，有无爆裂隐患。

4. 检查各个阀门是否处于正常开启状态，信号阀门开关是否灵活，消防中心是否有关闭信号显示。

5. 检查保养喷淋系统的水泵接合器，确保完整、不渗漏。

6. 定期试验安全泄压阀是否灵敏、可靠，检查水锤吸纳器工作是否有效。

7. 检查喷淋立管的自动排气阀的工作状态是否正常。

8. 检查试验湿式报警阀、水力警铃动作是否灵敏，喷淋泵是否启动，消防中心显示是否准确。

9. 定期检查阀门是否开关灵活、有效，阀门关闭不严或不能灵活使用的应及时修理，对阀门的接触面发现有缺陷的，需进行研磨，无法修复的予以更换。定期对阀门转动部位螺栓加黄油。

10. 检查止回阀启闭是否灵活、有效。

11. 定期对喷淋系统管网进行全面检查，对腐蚀严重的管道予以更换，对油漆脱落的管道及时除锈，刷防锈漆和标志漆。

（四）消防广播的维护保养

1. 试验火灾应急广播设备的功能是否正常。在试验中不论扬声器当时处于何种工作状态，都应能紧急切换到火灾事故广播上，音响清晰。

2. 检查保养消防扬声器，测试楼层扬声器的效果，声响是否响亮清晰。

3. 定期对消防广播主机进行检测维护保养。

4. 试验消防广播的选层广播功能是否正常。

第五章　火灾逃生与救治

第一节　火灾逃生

一、火灾现场逃生方法

火灾逃生是避免伤亡事故的关键环节。在火灾发生时，一定要想方设法进行逃生。人们在同火灾做斗争的同时，总结出火灾逃生的十五种方法，有效掌握这些方法，对于顺利逃出火海、减少伤亡具有重要作用。

（一）逃生预演，临危不乱

每个人对自己工作、学习或居住所在的建筑物结构及逃生路径要做到心中有数，必要时可按逃生路线图进行消防训练。

（二）熟悉环境，暗记出口

处于陌生环境，如入住酒店、商场购物、进入娱乐场所时，务必留心疏散通道、安全出口及楼梯方位等，以便关键时刻能尽快逃离现场。

（三）保持镇静，明辨方向

保持冷静，不要盲目出逃。要了解自己所处的环境位置，及时掌握当时火势的大小和蔓延方向，然后根据情况选择逃生方法和逃生路线。

（四）迅速撤离，不贪财物

逃生时不要为穿衣服或寻找贵重物品而浪费时间，也不要为带走自己的物品而身负重压影响逃离速度，更不要贪财，本已逃离火场又重返火海。

（五）简易防护，匍匐前进

逃生时经过充满烟雾的路线，可采用毛巾、口罩蒙鼻，匍匐撤离的办法，开门窗前用手探查门窗温度以防烫伤；穿过烟火封锁区时，可向头部、身上浇冷水，或用湿毛巾、湿棉被、湿毯子等将头、身裹好，再冲出去。

（六）胆大心细，善用通道

发生火灾时，除可以利用楼梯，还可以利用建筑物的阳台、窗台、天面屋顶等攀到周围安全地点，再沿着落水管、避雷线等滑下楼脱险。

（七）高楼火灾，忌乘电梯

逃生时，一般不要坐电梯（消防电梯要在救护人员的指挥下使用），应从安全出口逃生。其原因：一是火灾中易断电，而使电梯“卡壳”，给救援带来困难；二是电梯直通楼房各层，火灾的浓烟易涌入电梯中形成“烟囱效应”，人在电梯里随时都有可能被浓烟毒气熏呛或窒息而死亡。

（八）巧妙逃生，滑绳自救

用绳子或把床单、被套撕成条状连成绳索，紧拴在窗框、暖气管、铁栏杆等固定物上，用毛巾、布条等保护手心，顺绳滑下或下到未着火的楼层脱离险境。

（九）堵塞门户，固守待援

若用手摸房门已感到烫手，说明大火已经封门，再不能开门逃生。此时应关紧迎火的门窗，打开背火的门窗，用湿毛巾、湿布塞堵门缝或用水浸湿棉被蒙上门窗，然后不停地用水淋透房门，防止烟火渗入，固守在房内，直到救援人员到达。

（十）缓晃轻抛，寻求援助

被烟火围困暂时无法逃离的人员，要立即返回室内，用打手电筒、挥舞衣物、呼叫等方式向窗外发出求救信号等待救援。

（十一）走投无路，厕所避难

当逃离烟火区已无可能，又无其他条件可利用时，应冲向浴室、卫生间等。这些房间既无可燃物，又有水源。进入后，应闭门堵缝，向门泼水，打开排气扇，打开背火的窗户等待救援。

（十二）身上着火，切勿惊跑

如果身上着火应及时脱去衣服或就地打滚进行灭火，也可向身上浇水，用湿棉被、湿衣物等把身上的火包起来，使火熄灭。

（十三）辨明情况，低层跳离

火场上切勿轻易跳楼，在万不得已的情况下，住在低楼层（一般二层以下）的居民可采取跳楼的方法进行逃生。但首先要根据周围地形选择高度差较小的地面作为落地点，然后将床垫、沙发垫、厚棉被等抛下作缓冲物，并使身体重心尽量放低，做好准备以后再跳。

（十四）互相帮助，利己利人

要发扬互助精神，帮助老人、孩子、病人优先疏散。对行动不便者可用被子、毛毯等包扎好，用绳子、布条等吊下。逃生过程中如看见前面的人倒下，应立即扶起，对拥挤的人应给予疏导或选择其他疏散方法予以分流，减轻单一疏散通道的压力，竭尽全力保持疏散通道畅通，以最大限度减少人员伤亡。

（十五）既已出逃，不要回头

一旦逃离危险区，受灾者就必须留在安全区域并及时向救助人员反映火场情况，即使发现还有人没撤出来，也不能贸然返回。正确的做法是由消防人员组织营救。

二、火灾现场处置十招

1. 发现着火要大声呼喊并迅速打火警电话 119，讲清路名、门牌号，然后派人在路口迎候消防车。

2. 扑灭火苗要就地取材，如用毛毯、棉被罩住火焰，然后将火扑灭。

3. 可及时用面盆、水桶等取水灭火，或利用场所内的消火栓、灭火设施及灭火器扑救火灾，并注意灭火禁忌。

4. 个别物品着火时，如果可能要赶快把着火物搬到室外安全地带灭火。

5. 油锅起火，直接盖上锅盖灭火。

6. 家用电器着火，要先切断电源，然后用毛毯、棉被覆盖窒息灭火，如仍未熄灭，再用灭火器灭火。

7. 电视机着火用毛毯、棉被灭火时，人要站在侧面，防止显像管爆裂伤人。

8. 煤气、液化气灶着火，要先关闭阀门。用毛巾、围裙、衣物、棉被等浸水后捂盖，往上浇水扑灭，亦可用灭火器灭火。

9. 救火时着火房间门窗要慢开，以免空气对流加速火焰蔓延和火焰突然窜出伤人。

10. 要将着火处附近的可燃物及液化气罐等危险物品及时疏散到安全地带。

第二节　火灾伤员急救方法

一、火灾伤害种类

火灾中，可能致人伤亡的原因有五种：烧伤、有毒气体侵害、缺氧、吸入热气、电气触电。

（一）烧伤

烧伤泛指由于火焰或热气流等造成的伤害。烧伤的深度判断可分为三度四分法：

1. 一度烧伤（红斑性烧伤），通常为表皮浅层损伤，治疗时不计入烧伤面积。一度烧伤的全部症状一般经过 2～3 天后即可全部消退，皮肤不留瘢痕。

2. 浅二度烧伤（水疱性烧伤），此时患者真皮浅层受损伤，部分基底层细胞可被保留。如不发生感染，伤口可经过 7～10 天后痊愈，不留瘢痕。

3. 深二度烧伤（水疱性烧伤），患者皮肤真皮深层受损，仅残留部分的网状层组织。一般经过 20～30 天后痊愈，皮肤可能留下瘢痕。

4. 三度烧伤（焦痂性烧伤），患者深部肌肉、骨骼，甚至内脏器官等，都可能出现损伤。受伤处会留下瘢痕，甚至造成畸形。

（二）有毒气体侵害

火灾中，最主要的有毒气体是一氧化碳。一氧化碳是无色无味气体，能均匀散布于空气中，微溶于水，一般化学性不活泼，但浓度在13%～75%时能引起爆炸。一氧化碳多数属于工业炉、内燃机等设备不完全燃烧时的产物，也有来自煤气设备的渗漏。一氧化碳毒性大，人体吸入含有大量一氧化碳的空气后，一氧化碳很快与血红素结合而大大降低血红素吸收氧的能力，使人体各部分组织和细胞产生缺氧，引起窒息和血液中毒，严重时造成死亡。当空气中一氧化碳浓度达0.4%时，人在很短时间内就会失去知觉，若抢救不及时就会中毒死亡。

（三）缺氧

火灾发生时，可燃物燃烧过程要消耗大量氧气，使氧含量降低，当空气中含氧量低于6%时，短时间内人就会因缺氧而窒息死亡。

（四）吸入热气

如果在火灾中受到火焰的直接烘烤，就会吸入高温的热气，从而导致气管炎症和肺水肿等而窒息死亡。

（五）电气触电

电气触电是指人体触及带电体后，电流对人体造成的伤害。它有两种类型，即电击和电伤。

1. 电伤是指电流的热效应、化学效应、机械效应及电流本身作用造成的人体伤害。电伤会在人体皮肤表面留下明显的伤痕，常见的有灼伤、电烙伤和皮肤金属化等现象。

2. 电击是指电流通过人体内部，破坏人体内部组织，影响呼吸系统、心脏及神经系统的正常功能，甚至危及生命。

在触电事故中，电击和电伤常会同时发生。

二、火灾事故现场急救常识

（一）烧伤急救

1. 发生伤情后，组织工作必须沉着冷静。对多人烧伤，应区别轻重缓急，有条不紊地进行急救。

2. 迅速脱离火源、热源，消除致伤根源。将伤员搬离现场，尽快脱去着火或沸液浸渍的衣服。

3. 除烧伤外，检查有无其他伤害，如有休克、窒息、大出血、骨折时应首先处理。

4. 简单估计烧伤面积和深度。用敷料或干净被单、衣服等包裹创面。创面不可涂有色外用药（如紫药水等），以免影响到医院后对烧伤面积和深度的估计。

5. 如伤员口渴，可饮盐开水，不可喝生水或过多喝开水。

6. 经过初步救治后，速送附近医院。

（二）触电急救

1. 应迅速关闭开关，切断电源。

2. 如条件不允许，可用带绝缘手柄的物体把电线切断。

3. 如果导线搭在触电者身上，可用绝缘物或干燥木棍把导线挑开。

4. 如触电者神志清醒，应将其抬到空气新鲜、通风良好的地方舒展地躺下，并严密观察其呼吸和心脏的跳动。

5. 如验证触电者呼吸停止时，应及时进行人工呼吸。

三、常用急救措施

（一）口对口（鼻）人工呼吸法

1. 将患者置于仰卧位。

2. 施救者站在患者一侧，将患者颈部伸直，右手向上托患者的下颌，使患者头部后仰。这样，患者的气管能充分伸直，便于人工呼吸。

3. 清理患者的口腔，包括痰液、呕吐物及异物等。

4. 用身边现有的清洁布质材料，如手绢等，盖在患者嘴上，防止传染疾病。

5. 左手捏住患者鼻孔（防止漏气），右手清压患者下颌，把口腔打开。

6. 施救者先深吸一口气，用自己的口唇把患者的口唇包住，向患者嘴里吹气。吹气要均匀，时间稍长，但不要用力过猛。吹气的同时，用余光观察患者的胸部，如果看到患者的胸部膨起，表明气体吹进了患者的肺脏，吹气的力度合适。如果看不到患者的胸部膨起，说明吹气力度不够，应适当加强。吹气后，等患者膨起的胸部自然回落后，再深吸一口气重复吹气，如此反复进行。

7. 每分钟吹气10～12次。

8. 只要患者未恢复呼吸，要持续进行人工呼吸，直到救护车到达，交给专业救护人员进行抢救。

当患者有口腔外伤或其他原因致口腔不能打开时，可采用口对鼻吹气，其操作方法是：首先开放患者气道，头后仰，用手托住患者下颌使其口闭住。深吸一口气，用口包住患者鼻部，用力向患者鼻孔内吹气，直到胸部抬起，吹气后将患者口部张开，让气体呼出。如吹气有效，则可见到患者的胸部随吹气而起伏，并能感觉到气流呼出。

（二）胸外心脏按压法

当对患者实施人工呼吸无效后，就要迅速采用胸外心脏按压。具体做法为：

1. 首先一只手按住患者的剑突处（心窝的地方），然后另一只手的手掌跟进靠在第一只手的食指旁，掌跟的位置对准胸骨的中线。

2. 等掌跟就位后，另一只手离开心窝的地方，并重叠在第一只手上，将手指略微翘起来，以免压到患者的肋骨造成骨折。

3. 施救者跪在患者身旁，将患者双腿打开与肩部保持同宽。然后肩膀在患者胸骨正上方，双臂伸直，肘关节打直以身体的力量将胸骨下压，每次下压胸骨 4～5 cm，且压力放松时不可移动手的位置。

4. 胸外按压的速度保持每分钟 100～120 次，且连续 30 次按压后接着进行两次人工呼吸。

5. 人工呼吸与胸外心脏按压同时交替进行，每隔 5 min 检查一次患者的脉搏，直到救护车赶到。

6. 如果检查时依旧没有脉搏，则需继续进行胸外心脏按压。如果检查时已经有脉搏，则要检查患者的呼吸，如果没有呼吸则需继续进行人工呼吸。

（三）综合人工呼吸法

在口对口（鼻）人工呼吸法的基础上，增加胸外心脏按压法，称为综合人工呼吸法。通常综合人工呼吸法需两人同时进行，也可由一人交替进行。应注意的是，施救过程中，胸外心脏按压的速度要与口对口（鼻）吹气的节奏紧密配合。对患者吹气时要使其胸部放松，当其呼气时，应对其胸部进行按压，反复进行，直至患者恢复自然呼吸为止。

（四）俯卧压背法

当患者俯卧时，使患者一手弯曲垫在头下，脸侧向一方枕在腕臂上，另一手沿头旁伸直。施救人员跪跨在患者臀部处，将两手平放在患者后背肋骨下部，手指按住其腰间，施救人员心中默数一、二、三，并逐步使身子向前倾，使体重通过双手压迫患者的下肋部，使之呼气吸气。反复进行，每分钟 15 次左右，直至患者恢复自然呼吸为止。

（五）仰卧摇臂拉伸法

当患者仰卧时，施救人员跪跨在患者身上，两手握住患者手腕稍向上的地方，心中默数一、二、三，把手伸直向上，引向脖子后部，使患者吸气，然后再把两臂曲向前胸的两侧，心中默数四、五、六，使患者呼气。反复进行，每分钟 15 次左右，直至患者恢复自然呼吸为止。

附录一　中华人民共和国消防法

（2021 年修订）

第一章　总　　则

第一条　为了预防火灾和减少火灾危害，加强应急救援工作，保护人身、财产安全，维护公共安全，制定本法。

第二条　消防工作贯彻预防为主、防消结合的方针，按照政府统一领导、部门依法监管、单位全面负责、公民积极参与的原则，实行消防安全责任制，建立健全社会化的消防工作网络。

第三条　国务院领导全国的消防工作。地方各级人民政府负责本行政区域内的消防工作。

各级人民政府应当将消防工作纳入国民经济和社会发展计划，保障消防工作与经济社会发展相适应。

第四条　国务院应急管理部门对全国的消防工作实施监督管理。县级以上地方人民政府应急管理部门对本行政区域内的消防工作实施监督管理，并由本级人民政府消防救援机构负责实施。军事设施的消防工作，由其主管单位监督管理，消防救援机构协助；矿井地下部分、核电厂、海上石油天然气设施的消防工作，由其主管单位监督管理。

县级以上人民政府其他有关部门在各自的职责范围内，

依照本法和其他相关法律、法规的规定做好消防工作。

法律、行政法规对森林、草原的消防工作另有规定的，从其规定。

第五条 任何单位和个人都有维护消防安全、保护消防设施、预防火灾、报告火警的义务。任何单位和成年人都有参加有组织的灭火工作的义务。

第六条 各级人民政府应当组织开展经常性的消防宣传教育，提高公民的消防安全意识。

机关、团体、企业、事业等单位，应当加强对本单位人员的消防宣传教育。

应急管理部门及消防救援机构应当加强消防法律、法规的宣传，并督促、指导、协助有关单位做好消防宣传教育工作。

教育、人力资源行政主管部门和学校、有关职业培训机构应当将消防知识纳入教育、教学、培训的内容。

新闻、广播、电视等有关单位，应当有针对性地面向社会进行消防宣传教育。

工会、共产主义青年团、妇女联合会等团体应当结合各自工作对象的特点，组织开展消防宣传教育。

村民委员会、居民委员会应当协助人民政府以及公安机关、应急管理等部门，加强消防宣传教育。

第七条 国家鼓励、支持消防科学研究和技术创新，推广使用先进的消防和应急救援技术、设备；鼓励、支持社会力量开展消防公益活动。

对在消防工作中有突出贡献的单位和个人，应当按照国家有关规定给予表彰和奖励。

第二章　火灾预防

第八条　地方各级人民政府应当将包括消防安全布局、消防站、消防供水、消防通信、消防车通道、消防装备等内容的消防规划纳入城乡规划，并负责组织实施。

城乡消防安全布局不符合消防安全要求的，应当调整、完善；公共消防设施、消防装备不足或者不适应实际需要的，应当增建、改建、配置或者进行技术改造。

第九条　建设工程的消防设计、施工必须符合国家工程建设消防技术标准。建设、设计、施工、工程监理等单位依法对建设工程的消防设计、施工质量负责。

第十条　对按照国家工程建设消防技术标准需要进行消防设计的建设工程，实行建设工程消防设计审查验收制度。

第十一条　国务院住房和城乡建设主管部门规定的特殊建设工程，建设单位应当将消防设计文件报送住房和城乡建设主管部门审查，住房和城乡建设主管部门依法对审查的结果负责。

前款规定以外的其他建设工程，建设单位申请领取施工许可证或者申请批准开工报告时应当提供满足施工需要的消防设计图纸及技术资料。

第十二条　特殊建设工程未经消防设计审查或者审查不合格的，建设单位、施工单位不得施工；其他建设工程，建设单位未提供满足施工需要的消防设计图纸及技术资料的，有关部门不得发放施工许可证或者批准开工报告。

第十三条　国务院住房和城乡建设主管部门规定应当申请消防验收的建设工程竣工，建设单位应当向住房和城乡建设主管部门申请消防验收。

前款规定以外的其他建设工程，建设单位在验收后应当报住房和城乡建设主管部门备案，住房和城乡建设主管部门应当进行抽查。

依法应当进行消防验收的建设工程，未经消防验收或者消防验收不合格的，禁止投入使用；其他建设工程经依法抽查不合格的，应当停止使用。

第十四条 建设工程消防设计审查、消防验收、备案和抽查的具体办法，由国务院住房和城乡建设主管部门规定。

第十五条 公众聚集场所投入使用、营业前消防安全检查实行告知承诺管理。公众聚集场所在投入使用、营业前，建设单位或者使用单位应当向场所所在地的县级以上地方人民政府消防救援机构申请消防安全检查，作出场所符合消防技术标准和管理规定的承诺，提交规定的材料，并对其承诺和材料的真实性负责。

消防救援机构对申请人提交的材料进行审查；申请材料齐全、符合法定形式的，应当予以许可。消防救援机构应当根据消防技术标准和管理规定，及时对作出承诺的公众聚集场所进行核查。

申请人选择不采用告知承诺方式办理的，消防救援机构应当自受理申请之日起十个工作日内，根据消防技术标准和管理规定，对该场所进行检查。经检查符合消防安全要求的，应当予以许可。

公众聚集场所未经消防救援机构许可的，不得投入使用、营业。消防安全检查的具体办法，由国务院应急管理部门制定。

第十六条 机关、团体、企业、事业等单位应当履行下列消防安全职责：

（一）落实消防安全责任制，制定本单位的消防安全制度、消防安全操作规程，制定灭火和应急疏散预案；

（二）按照国家标准、行业标准配置消防设施、器材，设置消防安全标志，并定期组织检验、维修，确保完好有效；

（三）对建筑消防设施每年至少进行一次全面检测，确保完好有效，检测记录应当完整准确，存档备查；

（四）保障疏散通道、安全出口、消防车通道畅通，保证防火防烟分区、防火间距符合消防技术标准；

（五）组织防火检查，及时消除火灾隐患；

（六）组织进行有针对性的消防演练；

（七）法律、法规规定的其他消防安全职责。

单位的主要负责人是本单位的消防安全责任人。

第十七条 县级以上地方人民政府消防救援机构应当将发生火灾可能性较大以及发生火灾可能造成重大的人身伤亡或者财产损失的单位，确定为本行政区域内的消防安全重点单位，并由应急管理部门报本级人民政府备案。

消防安全重点单位除应当履行本法第十六条规定的职责外，还应当履行下列消防安全职责：

（一）确定消防安全管理人，组织实施本单位的消防安全管理工作；

（二）建立消防档案，确定消防安全重点部位，设置防火标志，实行严格管理；

（三）实行每日防火巡查，并建立巡查记录；

（四）对职工进行岗前消防安全培训，定期组织消防安全培训和消防演练。

第十八条 同一建筑物由两个以上单位管理或者使用的，应当明确各方的消防安全责任，并确定责任人对共用的疏散通道、安全出口、建筑消防设施和消防车通道进行统一管理。

住宅区的物业服务企业应当对管理区域内的共用消防设施进行维护管理，提供消防安全防范服务。

第十九条 生产、储存、经营易燃易爆危险品的场所不得与居住场所设置在同一建筑物内，并应当与居住场所保持安全距离。

生产、储存、经营其他物品的场所与居住场所设置在同一建筑物内的，应当符合国家工程建设消防技术标准。

第二十条 举办大型群众性活动，承办人应当依法向公安机关申请安全许可，制定灭火和应急疏散预案并组织演练，明确消防安全责任分工，确定消防安全管理人员，保持消防设施和消防器材配置齐全、完好有效，保证疏散通道、安全出口、疏散指示标志、应急照明和消防车通道符合消防技术标准和管理规定。

第二十一条 禁止在具有火灾、爆炸危险的场所吸烟、使用明火。因施工等特殊情况需要使用明火作业的，应当按照规定事先办理审批手续，采取相应的消防安全措施；作业人员应当遵守消防安全规定。

进行电焊、气焊等具有火灾危险作业的人员和自动消防系统的操作人员，必须持证上岗，并遵守消防安全操作规程。

第二十二条　生产、储存、装卸易燃易爆危险品的工厂、仓库和专用车站、码头的设置，应当符合消防技术标准。易燃易爆气体和液体的充装站、供应站、调压站，应当设置在符合消防安全要求的位置，并符合防火防爆要求。

已经设置的生产、储存、装卸易燃易爆危险品的工厂、仓库和专用车站、码头，易燃易爆气体和液体的充装站、供应站、调压站，不再符合前款规定的，地方人民政府应当组织、协调有关部门、单位限期解决，消除安全隐患。

第二十三条　生产、储存、运输、销售、使用、销毁易燃易爆危险品，必须执行消防技术标准和管理规定。

进入生产、储存易燃易爆危险品的场所，必须执行消防安全规定。禁止非法携带易燃易爆危险品进入公共场所或者乘坐公共交通工具。

储存可燃物资仓库的管理，必须执行消防技术标准和管理规定。

第二十四条　消防产品必须符合国家标准；没有国家标准的，必须符合行业标准。禁止生产、销售或者使用不合格的消防产品以及国家明令淘汰的消防产品。

依法实行强制性产品认证的消防产品，由具有法定资质的认证机构按照国家标准、行业标准的强制性要求认证合格后，方可生产、销售、使用。实行强制性产品认证的消防产品目录，由国务院产品质量监督部门会同国务院应急管理部门制定并公布。

新研制的尚未制定国家标准、行业标准的消防产品，应当按照国务院产品质量监督部门会同国务院应急管理部门规定的办法，经技术鉴定符合消防安全要求的，方可生产、销售、使用。

依照本条规定经强制性产品认证合格或者技术鉴定合格的消防产品，国务院应急管理部门应当予以公布。

第二十五条 产品质量监督部门、工商行政管理部门、消防救援机构应当按照各自职责加强对消防产品质量的监督检查。

第二十六条 建筑构件、建筑材料和室内装修、装饰材料的防火性能必须符合国家标准；没有国家标准的，必须符合行业标准。

人员密集场所室内装修、装饰，应当按照消防技术标准的要求，使用不燃、难燃材料。

第二十七条 电器产品、燃气用具的产品标准，应当符合消防安全的要求。

电器产品、燃气用具的安装、使用及其线路、管路的设计、敷设、维护保养、检测，必须符合消防技术标准和管理规定。

第二十八条 任何单位、个人不得损坏、挪用或者擅自拆除、停用消防设施、器材，不得埋压、圈占、遮挡消火栓或者占用防火间距，不得占用、堵塞、封闭疏散通道、安全出口、消防车通道。人员密集场所的门窗不得设置影响逃生和灭火救援的障碍物。

第二十九条 负责公共消防设施维护管理的单位，应当保持消防供水、消防通信、消防车通道等公共消防设施的完好有效。在修建道路以及停电、停水、截断通信线路时有可能影响消防队灭火救援的，有关单位必须事先通知当地消防救援机构。

第三十条　地方各级人民政府应当加强对农村消防工作的领导，采取措施加强公共消防设施建设，组织建立和督促落实消防安全责任制。

第三十一条　在农业收获季节、森林和草原防火期间、重大节假日期间以及火灾多发季节，地方各级人民政府应当组织开展有针对性的消防宣传教育，采取防火措施，进行消防安全检查。

第三十二条　乡镇人民政府、城市街道办事处应当指导、支持和帮助村民委员会、居民委员会开展群众性的消防工作。村民委员会、居民委员会应当确定消防安全管理人，组织制定防火安全公约，进行防火安全检查。

第三十三条　国家鼓励、引导公众聚集场所和生产、储存、运输、销售易燃易爆危险品的企业投保火灾公众责任保险；鼓励保险公司承保火灾公众责任保险。

第三十四条　消防设施维护保养检测、消防安全评估等消防技术服务机构应当符合从业条件，执业人员应当依法获得相应的资格；依照法律、行政法规、国家标准、行业标准和执业准则，接受委托提供消防技术服务，并对服务质量负责。

第三章　消防组织

第三十五条　各级人民政府应当加强消防组织建设，根据经济社会发展的需要，建立多种形式的消防组织，加强消防技术人才培养，增强火灾预防、扑救和应急救援的能力。

第三十六条　县级以上地方人民政府应当按照国家规定建立国家综合性消防救援队、专职消防队，并按照国家标准配备消防装备，承担火灾扑救工作。

乡镇人民政府应当根据当地经济发展和消防工作的需要，建立专职消防队、志愿消防队，承担火灾扑救工作。

第三十七条 国家综合性消防救援队、专职消防队按照国家规定承担重大灾害事故和其他以抢救人员生命为主的应急救援工作。

第三十八条 国家综合性消防救援队、专职消防队应当充分发挥火灾扑救和应急救援专业力量的骨干作用；按照国家规定，组织实施专业技能训练，配备并维护保养装备器材，提高火灾扑救和应急救援的能力。

第三十九条 下列单位应当建立单位专职消防队，承担本单位的火灾扑救工作：

（一）大型核设施单位、大型发电厂、民用机场、主要港口；

（二）生产、储存易燃易爆危险品的大型企业；

（三）储备可燃的重要物资的大型仓库、基地；

（四）第一项、第二项、第三项规定以外的火灾危险性较大、距离国家综合性消防救援队较远的其他大型企业；

（五）距离国家综合性消防救援队较远、被列为全国重点文物保护单位的古建筑群的管理单位。

第四十条 专职消防队的建立，应当符合国家有关规定，并报当地消防救援机构验收。

专职消防队的队员依法享受社会保险和福利待遇。

第四十一条 机关、团体、企业、事业等单位以及村民委员会、居民委员会根据需要，建立志愿消防队等多种形式的消防组织，开展群众性自防自救工作。

第四十二条　消防救援机构应当对专职消防队、志愿消防队等消防组织进行业务指导；根据扑救火灾的需要，可以调动指挥专职消防队参加火灾扑救工作。

第四章　灭火救援

第四十三条　县级以上地方人民政府应当组织有关部门针对本行政区域内的火灾特点制定应急预案，建立应急反应和处置机制，为火灾扑救和应急救援工作提供人员、装备等保障。

第四十四条　任何人发现火灾都应当立即报警。任何单位、个人都应当无偿为报警提供便利，不得阻拦报警。严禁谎报火警。

人员密集场所发生火灾，该场所的现场工作人员应当立即组织、引导在场人员疏散。

任何单位发生火灾，必须立即组织力量扑救。邻近单位应当给予支援。

消防队接到火警，必须立即赶赴火灾现场，救助遇险人员，排除险情，扑灭火灾。

第四十五条　消防救援机构统一组织和指挥火灾现场扑救，应当优先保障遇险人员的生命安全。

火灾现场总指挥根据扑救火灾的需要，有权决定下列事项：

（一）使用各种水源；

（二）截断电力、可燃气体和可燃液体的输送，限制用火用电；

（三）划定警戒区，实行局部交通管制；

（四）利用邻近建筑物和有关设施；

（五）为了抢救人员和重要物资，防止火势蔓延，拆除或者破损毗邻火灾现场的建筑物、构筑物或者设施等；

（六）调动供水、供电、供气、通信、医疗救护、交通运输、环境保护等有关单位协助灭火救援。

根据扑救火灾的紧急需要，有关地方人民政府应当组织人员、调集所需物资支援灭火。

第四十六条 国家综合性消防救援队、专职消防队参加火灾以外的其他重大灾害事故的应急救援工作，由县级以上人民政府统一领导。

第四十七条 消防车、消防艇前往执行火灾扑救或者应急救援任务，在确保安全的前提下，不受行驶速度、行驶路线、行驶方向和指挥信号的限制，其他车辆、船舶以及行人应当让行，不得穿插超越；收费公路、桥梁免收车辆通行费。交通管理指挥人员应当保证消防车、消防艇迅速通行。

赶赴火灾现场或者应急救援现场的消防人员和调集的消防装备、物资，需要铁路、水路或者航空运输的，有关单位应当优先运输。

第四十八条 消防车、消防艇以及消防器材、装备和设施，不得用于与消防和应急救援工作无关的事项。

第四十九条 国家综合性消防救援队、专职消防队扑救火灾、应急救援，不得收取任何费用。

单位专职消防队、志愿消防队参加扑救外单位火灾所损耗的燃料、灭火剂和器材、装备等，由火灾发生地的人民政府给予补偿。

第五十条 对因参加扑救火灾或者应急救援受伤、致残或者死亡的人员，按照国家有关规定给予医疗、抚恤。

第五十一条　消防救援机构有权根据需要封闭火灾现场，负责调查火灾原因，统计火灾损失。

火灾扑灭后，发生火灾的单位和相关人员应当按照消防救援机构的要求保护现场，接受事故调查，如实提供与火灾有关的情况。

消防救援机构根据火灾现场勘验、调查情况和有关的检验、鉴定意见，及时制作火灾事故认定书，作为处理火灾事故的证据。

第五章　监督检查

第五十二条　地方各级人民政府应当落实消防工作责任制，对本级人民政府有关部门履行消防安全职责的情况进行监督检查。

县级以上地方人民政府有关部门应当根据本系统的特点，有针对性地开展消防安全检查，及时督促整改火灾隐患。

第五十三条　消防救援机构应当对机关、团体、企业、事业等单位遵守消防法律、法规的情况依法进行监督检查。公安派出所可以负责日常消防监督检查、开展消防宣传教育，具体办法由国务院公安部门规定。

消防救援机构、公安派出所的工作人员进行消防监督检查，应当出示证件。

第五十四条　消防救援机构在消防监督检查中发现火灾隐患的，应当通知有关单位或者个人立即采取措施消除隐患；不及时消除隐患可能严重威胁公共安全的，消防救援机构应当依照规定对危险部位或者场所采取临时查封措施。

第五十五条 消防救援机构在消防监督检查中发现城乡消防安全布局、公共消防设施不符合消防安全要求，或者发现本地区存在影响公共安全的重大火灾隐患的，应当由应急管理部门书面报告本级人民政府。

接到报告的人民政府应当及时核实情况，组织或者责成有关部门、单位采取措施，予以整改。

第五十六条 住房和城乡建设主管部门、消防救援机构及其工作人员应当按照法定的职权和程序进行消防设计审查、消防验收、备案抽查和消防安全检查，做到公正、严格、文明、高效。

住房和城乡建设主管部门、消防救援机构及其工作人员进行消防设计审查、消防验收、备案抽查和消防安全检查等，不得收取费用，不得利用职务谋取利益；不得利用职务为用户、建设单位指定或者变相指定消防产品的品牌、销售单位或者消防技术服务机构、消防设施施工单位。

第五十七条 住房和城乡建设主管部门、消防救援机构及其工作人员执行职务，应当自觉接受社会和公民的监督。

任何单位和个人都有权对住房和城乡建设主管部门、消防救援机构及其工作人员在执法中的违法行为进行检举、控告。收到检举、控告的机关，应当按照职责及时查处。

第六章 法律责任

第五十八条 违反本法规定，有下列行为之一的，由住房和城乡建设主管部门、消防救援机构按照各自职权责令停止施工、停止使用或者停产停业，并处三万元以上三十万元以下罚款：

（一）依法应当进行消防设计审查的建设工程，未经依法审查或者审查不合格，擅自施工的；

（二）依法应当进行消防验收的建设工程，未经消防验收或者消防验收不合格，擅自投入使用的；

（三）本法第十三条规定的其他建设工程验收后经依法抽查不合格，不停止使用的；

（四）公众聚集场所未经消防救援机构许可，擅自投入使用、营业的，或者经核查发现场所使用、营业情况与承诺内容不符的。

核查发现公众聚集场所使用、营业情况与承诺内容不符，经责令限期改正，逾期不整改或者整改后仍达不到要求的，依法撤销相应许可。

建设单位未依照本法规定在验收后报住房和城乡建设主管部门备案的，由住房和城乡建设主管部门责令改正，处五千元以下罚款。

第五十九条　违反本法规定，有下列行为之一的，由住房和城乡建设主管部门责令改正或者停止施工，并处一万元以上十万元以下罚款：

（一）建设单位要求建筑设计单位或者建筑施工企业降低消防技术标准设计、施工的；

（二）建筑设计单位不按照消防技术标准强制性要求进行消防设计的；

（三）建筑施工企业不按照消防设计文件和消防技术标准施工，降低消防施工质量的；

（四）工程监理单位与建设单位或者建筑施工企业串通，

弄虚作假，降低消防施工质量的。

第六十条 单位违反本法规定，有下列行为之一的，责令改正，处五千元以上五万元以下罚款：

（一）消防设施、器材或者消防安全标志的配置、设置不符合国家标准、行业标准，或者未保持完好有效的；

（二）损坏、挪用或者擅自拆除、停用消防设施、器材的；

（三）占用、堵塞、封闭疏散通道、安全出口或者有其他妨碍安全疏散行为的；

（四）埋压、圈占、遮挡消火栓或者占用防火间距的；

（五）占用、堵塞、封闭消防车通道，妨碍消防车通行的；

（六）人员密集场所在门窗上设置影响逃生和灭火救援的障碍物的；

（七）对火灾隐患经消防救援机构通知后不及时采取措施消除的。

个人有前款第二项、第三项、第四项、第五项行为之一的，处警告或者五百元以下罚款。

有本条第一款第三项、第四项、第五项、第六项行为，经责令改正拒不改正的，强制执行，所需费用由违法行为人承担。

第六十一条 生产、储存、经营易燃易爆危险品的场所与居住场所设置在同一建筑物内，或者未与居住场所保持安全距离的，责令停产停业，并处五千元以上五万元以下罚款。

生产、储存、经营其他物品的场所与居住场所设置在同一建筑物内，不符合消防技术标准的，依照前款规定处罚。

第六十二条　有下列行为之一的，依照《中华人民共和国治安管理处罚法》的规定处罚：

（一）违反有关消防技术标准和管理规定生产、储存、运输、销售、使用、销毁易燃易爆危险品的；

（二）非法携带易燃易爆危险品进入公共场所或者乘坐公共交通工具的；

（三）谎报火警的；

（四）阻碍消防车、消防艇执行任务的；

（五）阻碍消防救援机构的工作人员依法执行职务的。

第六十三条　违反本法规定，有下列行为之一的，处警告或者五百元以下罚款；情节严重的，处五日以下拘留：

（一）违反消防安全规定进入生产、储存易燃易爆危险品场所的；

（二）违反规定使用明火作业或者在具有火灾、爆炸危险的场所吸烟、使用明火的。

第六十四条　违反本法规定，有下列行为之一，尚不构成犯罪的，处十日以上十五日以下拘留，可以并处五百元以下罚款；情节较轻的，处警告或者五百元以下罚款：

（一）指使或者强令他人违反消防安全规定，冒险作业的；

（二）过失引起火灾的；

（三）在火灾发生后阻拦报警，或者负有报告职责的人员不及时报警的；

（四）扰乱火灾现场秩序，或者拒不执行火灾现场指挥员指挥，影响灭火救援的；

（五）故意破坏或者伪造火灾现场的；

（六）擅自拆封或者使用被消防救援机构查封的场所、部位的。

第六十五条 违反本法规定，生产、销售不合格的消防产品或者国家明令淘汰的消防产品的，由产品质量监督部门或者工商行政管理部门依照《中华人民共和国产品质量法》的规定从重处罚。

人员密集场所使用不合格的消防产品或者国家明令淘汰的消防产品的，责令限期改正；逾期不改正的，处五千元以上五万元以下罚款，并对其直接负责的主管人员和其他直接责任人员处五百元以上二千元以下罚款；情节严重的，责令停产停业。

消防救援机构对于本条第二款规定的情形，除依法对使用者予以处罚外，应当将发现不合格的消防产品和国家明令淘汰的消防产品的情况通报产品质量监督部门、工商行政管理部门。产品质量监督部门、工商行政管理部门应当对生产者、销售者依法及时查处。

第六十六条 电器产品、燃气用具的安装、使用及其线路、管路的设计、敷设、维护保养、检测不符合消防技术标准和管理规定的，责令限期改正；逾期不改正的，责令停止使用，可以并处一千元以上五千元以下罚款。

第六十七条 机关、团体、企业、事业等单位违反本法第十六条、第十七条、第十八条、第二十一条第二款规定的，责令限期改正；逾期不改正的，对其直接负责的主管人员和其他直接责任人员依法给予处分或者给予警告处罚。

第六十八条 人员密集场所发生火灾，该场所的现场工作人员不履行组织、引导在场人员疏散的义务，情节严重，尚不构成犯罪的，处五日以上十日以下拘留。

第六十九条 消防设施维护保养检测、消防安全评估等消防技术服务机构，不具备从业条件从事消防技术服务活动或者出具虚假文件的，由消防救援机构责令改正，处五万元以上十万元以下罚款，并对直接负责的主管人员和其他直接责任人员处一万元以上五万元以下罚款；不按照国家标准、行业标准开展消防技术服务活动的，责令改正，处五万元以下罚款，并对直接负责的主管人员和其他直接责任人员处一万元以下罚款；有违法所得的，并处没收违法所得；给他人造成损失的，依法承担赔偿责任；情节严重的，依法责令停止执业或者吊销相应资格；造成重大损失的，由相关部门吊销营业执照，并对有关责任人员采取终身市场禁入措施。

前款规定的机构出具失实文件，给他人造成损失的，依法承担赔偿责任；造成重大损失的，由消防救援机构依法责令停止执业或者吊销相应资格，由相关部门吊销营业执照，并对有关责任人员采取终身市场禁入措施。

第七十条 本法规定的行政处罚，除应当由公安机关依照《中华人民共和国治安管理处罚法》的有关规定决定的外，由住房和城乡建设主管部门、消防救援机构按照各自职权决定。

被责令停止施工、停止使用、停产停业的，应当在整改后向作出决定的部门或者机构报告，经检查合格，方可恢复施工、使用、生产、经营。

当事人逾期不执行停产停业、停止使用、停止施工决定的，由作出决定的部门或者机构强制执行。

责令停产停业，对经济和社会生活影响较大的，由住房和城乡建设主管部门或者应急管理部门报请本级人民政府依法决定。

第七十一条 住房和城乡建设主管部门、消防救援机构的工作人员滥用职权、玩忽职守、徇私舞弊，有下列行为之一，尚不构成犯罪的，依法给予处分：

（一）对不符合消防安全要求的消防设计文件、建设工程、场所准予审查合格、消防验收合格、消防安全检查合格的；

（二）无故拖延消防设计审查、消防验收、消防安全检查，不在法定期限内履行职责的；

（三）发现火灾隐患不及时通知有关单位或者个人整改的；

（四）利用职务为用户、建设单位指定或者变相指定消防产品的品牌、销售单位或者消防技术服务机构、消防设施施工单位的；

（五）将消防车、消防艇以及消防器材、装备和设施用于与消防和应急救援无关的事项的；

（六）其他滥用职权、玩忽职守、徇私舞弊的行为。

产品质量监督、工商行政管理等其他有关行政主管部门的工作人员在消防工作中滥用职权、玩忽职守、徇私舞弊，尚不构成犯罪的，依法给予处分。

第七十二条 违反本法规定，构成犯罪的，依法追究刑事责任。

第七章　附　　则

第七十三条　本法下列用语的含义：

（一）消防设施，是指火灾自动报警系统、自动灭火系统、消火栓系统、防烟排烟系统以及应急广播和应急照明、安全疏散设施等。

（二）消防产品，是指专门用于火灾预防、灭火救援和火灾防护、避难、逃生的产品。

（三）公众聚集场所，是指宾馆、饭店、商场、集贸市场、客运车站候车室、客运码头候船厅、民用机场航站楼、体育场馆、会堂以及公共娱乐场所等。

（四）人员密集场所，是指公众聚集场所，医院的门诊楼、病房楼，学校的教学楼、图书馆、食堂和集体宿舍，养老院，福利院，托儿所，幼儿园，公共图书馆的阅览室，公共展览馆、博物馆的展示厅，劳动密集型企业的生产加工车间和员工集体宿舍，旅游、宗教活动场所等。

第七十四条　本法自2009年5月1日起施行。

附录二　中国国家铁路集团有限公司消防管理办法

第一章　总　　则

第一条　为加强铁路消防工作，预防火灾事故，减少火灾危害，保障铁路运输生产、建设和人身财产安全，根据《中华人民共和国消防法》《消防安全责任制实施办法》等有关法律法规，制定本办法。

第二条　本办法适用于中国国家铁路集团有限公司（以下简称国铁集团）及所属各单位消防工作管理。

第三条　国铁集团消防工作坚持人民至上、生命至上，贯彻预防为主、防消结合的方针，按照国铁集团统一领导、所属单位全面负责、职工群众积极参与的原则，严格落实“管行业必须管安全、管业务必须管安全、管生产经营必须管安全”，以及领导负责、分工负责、专业负责、岗位负责的要求，实行消防安全责任制。

第四条　任何单位和个人都有维护消防安全、保护消防设施、预防火灾、报告火警的义务。任何单位和成年人都有参加有组织的灭火工作的义务。

第五条　鼓励和支持铁路智慧消防建设，运用远程监控、物联网监测、电气监控等信息化手段，实现消防安全重点单位、部位的实时监测和预警监控，提高消防工作的科技化、专业化、智能化、精细化水平。

第二章　消防安全责任制

第六条　国铁集团及所属各单位应明确本单位消防安全管理职责分工，落实逐级消防安全责任制和岗位消防安全责任制，明确逐级和岗位消防安全职责。

第七条　国铁集团负责贯彻执行国家有关消防工作的方针政策、法律法规，组织推进全路消防安全基础建设，不断完善铁路消防安全治理体系，组织开展火灾隐患排查整治，督促所属各单位落实消防安全责任制。

第八条　国铁集团机关各部门在承担业务管理职责的同时，承担相应消防安全职责。

国铁集团运输、客运、货运、机辆、工电、经开和建设等管理部门负责本专业消防安全管理工作，组织开展本专业消防安全检查、考核和问题整治工作，应明确人员承担本专业消防管理有关工作。

国铁集团发改、建设、鉴定、工管、工程监督等与建设相关的部门和单位，负责在铁路项目规划建设中，严格落实消防安全有关标准和要求，保证消防相关工程建设与铁路工程建设同时设计、同时施工、同时投入生产和使用。

国铁集团宣传、培训部门负责将消防安全内容纳入宣传、育、培训工作，做到经常化、制度化、规范化。

国铁集团工会、共青团组织应结合实际，有针对性地开展消防宣传教育。

国铁集团安全监督管理部门负责建立完善消防管理监督

制度，指导、监督国铁集团有关部门和所属单位履行相关职责，组织或参与火灾事故的内部调查处理。

国铁集团其他业务部门应结合业务工作落实消防安全责任，做好消防工作。

第九条 国铁集团所属各单位依法承担消防安全主体责任，负责贯彻执行消防有关法律法规、规章制度，落实消防安全责任制，建立健全本单位消防安全制度、消防安全操作规程，制定灭火和应急疏散预案，组织防火检查，开展消防安全风险分级管控和隐患排查治理，及时消除火灾隐患，定期开展消防安全宣传教育培训和有针对性的消防演练。

第十条 国铁集团所属各单位法定代表人或者主要负责人是本单位消防安全责任人，对本单位的消防安全工作全面负责。各单位应确定本单位消防安全管理人，负责组织实施本单位的消防安全管理工作，依法承担消防安全管理责任。消防安全管理人可由分管领导担任。

第十一条 国铁集团所属各单位应成立防火安全委员会，定期召开会议，组织、协调本单位消防工作，研究解决消防安全重大问题。

第十二条 国铁集团所属各单位应将旅客列车和人员密集场所、重点行车场所、物资集中场所、机车车辆存放场所、易燃易爆场所等发生火灾可能性较大、发生火灾可能造成重大人身伤亡或者财产损失以及严重影响铁路运输的单位，按照消防安全重点单位进行管理。

第十三条 消防安全重点单位或按照消防安全重点单位进行管理的单位，除履行法律法规规定的消防安全职责外，还应确定消防工作的归口管理职能部门，配备专（兼）职消防管理人员；建立消防档案，确定消防安全重点部位，设置防火标志，实行严格管理；实行每日防火巡查，建立巡查记录；对职工进行岗前消防安全培训，定期组织消防安全培训和消防演练。

第十四条 实行承包、租赁或者委托经营、管理时，产权单位应当提供符合消防安全要求的建筑物，当事人在订立的合同中应依照有关规定明确各方的消防安全责任；消防车通道、涉及公共消防安全的疏散设施和其他建筑消防设施应当由产权单位或者受托管理的单位统一管理。产权单位和受托管理单位应督促检查承包、租赁、经营各方履行消防安全职责。

同一建筑物由两个以上单位管理或者使用的，应当明确各方的消防安全责任，并确定责任人对共用的疏散通道、安全出口、建筑消防设施和消防车通道进行统一管理。

第十五条 在铁路项目规划建设中，应严格落实消防法律法规和规范标准。国铁集团建设管理部门负责指导建设单位做好铁路建设项目消防相关工程的建设工作；安全监督管理部门负责指导铁路局集团公司做好铁路建设项目消防相关工程提前介入检查，开展消防相关工程初步验收。

国铁集团工管中心负责在施工图审核过程中落实建设项目消防设计要求，将消防工程推进纳入工程项目日常推进管理。鉴定中心负责组织消防工程设计审查。工程监督局负责铁路建设项目消防工程内部质量监督和管理，督促消防问题整改销号。

第三章　火灾预防

第一节　基本规定

第十六条　消防安全责任人、消防安全管理人应定期接受消防安全专门培训。

国铁集团所属各单位应对职工经常性开展消防安全知识培训教育。定期对专（兼）职消防管理人员和消防设施操作人员，电工、电气焊等特种作业人员，易燃易爆岗位作业人员，旅客列车工作人员，以及车站客货运工作人员、机车乘务员等进行消防安全培训，达到“四懂四会”，即：懂得本岗位的火灾危险性、懂得预防火灾的措施、懂得扑救火灾的方法、懂得逃生的方法，会使用消防器材、会报警、会扑救初起火灾、会组织疏散逃生，经考试合格后方可上岗。

新职工、其他从业人员和改变工种人员应经过消防安全知识教育，经考试合格后方可上岗。

进行电焊、气割等具有火灾危险作业的人员必须持证上岗，并遵守消防安全操作规程。

第十七条　消防设备设施应明确管理分界，落实巡查、检测、维修、保养等有关要求，确保消防设施完好有效。建筑消防设施每年应至少进行一次全面检测，检测记录应当完整准确、存档备查。

第十八条　具有火灾、爆炸危险的场所应设置明显的警示标志，禁止吸烟、使用明火。

第十九条　铁路货场、仓库、油库、人员密集场所、重点行车场所以及其他具有火灾、爆炸危险的场所需动用明火作业时，应办理动火审批手续，人员密集场所须经本单位消防安全责任人同意，其他场所须经消防安全管理人同意。明火作业时应派人监护，采取划定区域、配备灭火器材等消防安全措施，作业结束后作业人员、监护人员共同确认安全后方可离开。

人员密集场所在营业时间禁止进行动火作业，确需动火作业时，应按《人员密集场所消防安全管理》(GB/T 40248)相关规定执行。

第二十条 消防控制室实行24 h值班制度，每班不少于2人，并持证上岗。

第二十一条 具有两个及以上消防控制室时. 应确定主消防控制室和分消防控制室。主消防控制室的消防设备应对系统内共用的消防设备进行控制，并显示其状态信息；主消防控制室内的消防设备应能显示各分消防控制室内消防设备的状态信息，并可对分消防控制室内的消防设备及其控制的消防系统和设备进行控制。

第二十二条 单一功能的消防控制室严禁穿过与消防设施无关的电气线路及管路。经住房和城乡建设主管部门消防设计审查或备案同意，车站消防控制室可与有效帮助消防值班人员快速确认火情及指导灭火救援的安防关联系统（综控室）合用，其防火等级、内部装饰、线路布设等应满足《建筑设计防火规范》《火灾自动报警系统设计规范》《消防控制室通用技术要求》等防火技术要求。

第二十三条 各单位应有计划地逐步改善消防基础设施，适应预防和扑救火灾以及人员疏散的需要。对不符合国家和行业有关消防技术标准的消防设施，应制定整改计划，逐步完善。

第二十四条 新造机车、客车、动车组，各种试验、检测等特种车辆及自轮运转特种设备，应通过采用新技术、新设备、新工艺，提高抗御火灾能力。

机车、客车、动车组，各种试验、检测等特种车辆及自轮运转特种设备选用的结构、保温、绝缘、装饰、涂料等非金属材料应采用不燃或难燃材料，其燃烧性能、产烟毒性应符合国家和行业有关技术标准。电气线路敷设、电气设备选用和安装应符合相关防火技术要求。

第二十五条 机车、客车、动车组、发电车及其他特种车辆应配备火灾自动报警装置。客车、动车组应按规定配备灭火和逃生器材，并保持完好有效。

机车、客车、动车组、发电车及其他特种车辆配备的火灾自动报警和自动灭火装置应按照有关规定定期进行检测。

第二十六条 运营客车改造为工务宿营车等局管路用车辆时，其内部间隔材料应采用不燃或难燃材料，用火用电应执行客车有关消防安全规定。严禁乱拉乱接电气线路，严禁违章使用电热器具。严禁在车内吸烟和明火照明、取暖，点蚊香等应采取防火安全措施。

局管路用车、自轮运转特种设备的消防安全管理由其主管部门制定相关管理规定。

第二十七条 铁路轮渡及供氧客车消防安全管理由铁路局集团公司自定。

第二十八条 各单位应加强铁路特长隧道、地下及水下隧道、地下车站、特大型旅客车站以及动车组检修库等特殊场所的消防安全管理，制定完善相关标准，提高应急处置能力。

第二节　旅客运输防火

第二十九条　旅客列车应建立防火组织，实行岗位消防责任制，严格火源、电源管理，落实防火措施。

第三十条　新建、改建、扩建客运车站的总平面布局、平面布置、防火分区及防火分隔、耐火等级、安全疏散、内部装修、外部保温、消防水源、防烟排烟及消防设施、器材的配备，应严格执行国家消防法律法规和技术标准。

第三十一条　新建、改建、扩建客运车站在投入使用、营业前，建设单位或者使用单位应向车站所在地的县级以上地方人民政府消防救援机构申请消防安全检查，经消防救援机构许可后方可投入使用、营业。

第三十二条　客运车站集散厅、售票厅、候车厅（室）等站房公共区域内严禁开设公共娱乐场所，站房其他区域开设公共娱乐场所应设置独立的防火分区。站房内设置的餐饮、售货等营业性场所，应符合《铁路工程设计防火规范》等相关规定。

第三十三条　客运车站的电气设备、线路须符合国家有关电气安全技术标准，并由持有相应岗位资格证书的专业人员负责安装、维修。严禁违章使用电热器具，严禁超负荷用电，严禁擅自拉接临时电气线路。

第三十四条　客运车站设置的广告、灯箱应采用不燃或难燃材料，电线、电缆及光缆应采用低烟无卤型，电气线路及照明装置应采取防火安全措施。应加强广告、灯箱、按摩椅、充电宝等设施管理，不得堵塞疏散通道，不得遮挡消防设施，并建立维护制度，明确管理责任。

第三十五条 客运车站行包房按货物仓库严格消防管理，客运车站应加强监督检查。站台临时堆放行包应在指定区域，不得堵塞疏散通道和消防车通道，不得埋压、圈占、遮挡消防设施。

第三十六条 客运车站行包房应按规定设置安检仪，落实易燃易爆危险品查验措施，防止易燃易爆危险物品进站上车。

第三十七条 站区内进行机车、发电车等移动设备加油及其他具有火灾危险性作业时，应划定安全区域、配备灭火器材、实施专人监护。

第三十八条 客运车站应严格落实禁止、限制携带和托运物品查验措施。客运车站配置的安检仪，应保持状态良好、运转正常。在客运车站存放的安检查获物品应定点集中存放，集中存放场所须远离候车厅（室）等人员密集区域。查获的易燃易爆危险品不得在人员密集场所所在建筑内存放。

第三十九条 客运车站应向旅客宣传铁路站车防火防爆的规定。

第四十条 集散厅、售票厅、候车厅（室）、旅客通道、地下站台等场所应设置应急照明灯和疏散指示标志，疏散通道应满足应急疏散需要，并保持畅通。

人员密集场所内平时需要控制人员随意出入的安全出口、疏散门或设置门禁系统的疏散门，应保证火灾时能从内部直接向外推开，并应在门上设置相应标识和使用提示。

第三节　货物运输防火

第四十一条　装载货物的车辆应保持门窗完好，顶棚严密，防火板符合相关标准。

第四十二条　货物包装必须符合防火要求。

第四十三条　零散货物快运、货物混装运输发送的办理站应按规定对货物进行安全检查，防止匿报、夹带危险货物。

第四十四条　货物装载时应根据货物体积、重量、性质，合理确定装车顺序、装车区域，做到大不压小、重不压轻、稳固整齐，容易积热的货物距车顶部应留有适当空间。

第四十五条　禁止运输腐朽木材。

第四十六条　凡装运钢锭、焦炭、炉灰等易含有火种的货物和装车前温度较高、易发生自燃的货物，装车前应采取冷却、测温等措施。

第四十七条　铁路货场货运员应认真执行监装、监卸责任制，防止发生普通货物中夹带易燃易爆危险物品。装卸作业中严禁明火照明和吸烟。

第四十八条　需押运时，托运人应派熟悉货物性质的人员押运，押运人应根据需要携带消防器材及必要的工具。

各类押运人员严禁在岗吸烟、生火、点燃蚊香、携带危险品等违禁物品。

第四十九条　编组调车作业中，对装有危险货物的车辆，必须严格执行有关禁止溜放、限速连挂、编组隔离等规定。

第五十条　编组站（场）应根据需要设置固定的装载爆

炸品、气体类危险货物车辆的停留线。停留线附近不得有杂草和其他易燃物，严禁明火作业。

第五十一条 机械保温列车（车组）由配属单位负责防火管理。列车上的柴油发电机组、蓄电池、储油设备、电控装置、炉灶，必须符合防火安全要求，确认良好后方准挂运。

第五十二条 货运员、货运检查员应按规定认真检查货物列车车辆门窗关闭（需通风的货物除外），危险货物车编组隔离，篷布苫盖、捆绑是否符合规定，以及罐车有无泄漏，罐盖是否关闭良好，并向押运人员宣传防火注意事项。

第五十三条 应加强货物列车防火安全检查，对检查中发现存在火灾隐患的车辆应及时按规定处理，做好记录并通报有关单位。对有严重火灾隐患的货车应甩下处理。

第五十四条 检查装有易燃易爆危险货物的车辆禁止用明火照明，检修装有可燃货物车辆时禁止使用电、气焊及其他喷火花的工具。

第五十五条 在专用线（专用铁路）装载的列车（车辆）或托运人自行装载的车辆，车站应按要求做好交接检查。

第五十六条 机车乘务员应认真执行机车防火有关规定。有关行车人员要认真瞭望，注意观察列车运行状态，发现火情立即通报有关部门，并采取相应措施，迅速扑救。

第五十七条 列车在高坡区段运行时，机车乘务员应按规定的操纵示意图操纵机车，动力制动和空气制动联合使用，防止闸瓦磨托引起火灾。

第五十八条 装有危险货物的车辆需要摘下施修时，在车站停留时间不得超过 2 天。车辆调动时，应按规定隔离。车辆维修和倒装应在指定的安全区域进行。

第五十九条 应加强铁路站场、沿线外部环境治理，加强巡防和治安巡查，防止外来火源引发火灾事故。

第四节 重点行车场所防火

第六十条 铁路通信、信号、信息、牵引供电及电力、行车调度等重点行车场所的建筑耐火等级、室内装修、外墙保温等必须符合有关消防技术标准。电（光）缆的选型应符合有关消防技术标准。

第六十一条 通信、信号、信息、电力缆线穿过房间隔墙、楼板处应采用防火封堵材料进行封堵。电气设备房屋所在建筑内的竖向风道、电缆竖井、电缆盒（槽）、走线架、地沟盖板等均应采用不燃或难燃材料。

第六十二条 通风、空气调节系统风管穿越防火分区处、穿越通信、信号、信息、电力设备用房等重要或火灾危险性大的房间隔墙和楼板处应设置防火阀。

第六十三条 牵引电力电缆与通信信号电（光）缆应按照高低压电压等级，采用不同物理路由敷设在不同的沟、槽、井内。室外地下敷设的电力、通信、信号电缆应采取填埋、密封等防火措施。

第六十四条 通信机房、信号机械室、主控制室、信息机房等电气设备房屋内设置的气体灭火系统应符合消防技术标准并处于正常使用状态，室内严禁吸烟和堆放杂物，严禁违章使用电热器具。

第六十五条 油浸变压器、预装式变电站与民用建筑、铁路线路、易燃易爆场所的防火间距应符合相关消防技术标准。

第六十六条 油浸变压器和含油电气设备应设置储油或挡油设施。

第五节 货场、仓库防火

第六十七条 铁路货场、仓库防火应严格执行《仓库防火安全管理规则》《仓储场所消防安全管理通则》等相关规定。

第六十八条 铁路货场、仓库等仓储场所内禁止吸烟、使用明火，严禁燃放烟花爆竹，并应设置明显的警示标志。

第六十九条 汽车、拖拉机不应进入甲、乙、丙类火灾危险性物品的室内储存场所；进入甲、乙类火灾危险性物品室内储存场所的装卸机具应为防爆型：进入丙类火灾危险性物品室内储存场所的装卸机具应安装防止火花溅出的安全装置。装卸易燃易爆危险货物的装卸机具应具有防爆、防静电功能。装卸机具应随车配备性能良好的灭火器材。

第七十条 铁路货运仓库属综合性中转仓库，其储存货物危险性分类，危险货物按甲类管理，其他普通货物均按丙类管理。

第七十一条 危险货物应按性质要求存放在指定的仓库、雨棚等场地。遇潮或受阳光照射容易燃烧或产生易燃、易爆、有毒气体的危险货物，不得在雨棚、露天存放。存放保管危险货物应符合《铁路危险货物配放表》的要求。编号不同的爆炸品不得同库存放。

第七十二条 库存及露天存放的货物应分类、分批、分垛码放。库内存放的普通货物每垛占地面积不大于 100 m^2，危险货物每垛占地面积不大于 50 m^2。垛与垛间距不小于 1.0 m，垛与墙间距不小于 0.5 m，垛与梁、柱的间距不小于 0.3 m，垛与照明灯之间的距离不小于 0.5 m，主要通道宽度不小于 2.0 m。货物堆码不得阻挡消防车通道，不得埋压、圈占、遮挡消防设施和器材。露天存放的货物垛与垛间距不应小于 4 m。室外存储区不应堆积可燃物，并应控制植被、杂草生长，定期清理。

第七十三条　危险货物应按规定标准包装。在铁路货场仓库储存时，应严格检查包装，确保外包装符合铁路危险货物包装标准规定，外包装无破损、货物无泄漏方可入库。

第七十四条　甲、乙、丙类物品的室内储存场所其库房布局、储存类别及核定的最大储存量不应擅自改变。如需改建、扩建或变更使用用途的，应依法向住房和城乡建设主管部门办理建设工程消防设计审查、验收或备案手续。

第七十五条　危险货物仓库不应敷设在建筑物的地下室和半地下室内，库内不得设置办公室、休息室。普通货物仓库内不得设置休息室，设置办公室时，与库房之间必须采取防火分隔措施。

第七十六条　危险货物的受理、装卸、储存和运输，应严格执行《铁路危险货物运输管理规则》《铁路货物装卸安全技术规则》等有关规定。

第七十七条　货物仓库的电气装置，应符合国家有关电气设计规范和施工安装验收标准的规定。危险货物仓库、油库的电气和防雷装置，应符合《爆炸危险环境电力装置设计规范》《建筑物防雷设计规范》等有关规定。

第七十八条 货物仓库使用新型照明灯具，必须报经主管部门批准。仓库内照明设备的开关、配电盘必须安装在库外，禁止使用不合格的保险装置。仓库内敷设的配电线路，应穿套金属管或难燃硬塑料管保护。

仓库内不得超负荷用电，不得使用电炉、电烙铁、电熨斗、电热水器、电暖器、电饭锅、微波炉等电热器具和电视机、电冰箱等家用电器。

第七十九条 存放危险货物和易燃货物的仓库内不准安装使用移动照明灯具，应使用专用的防爆型库房灯具。

装卸作业时，货车内使用的移动式照明灯具应采用安全电压，其变压器、开关、电源插座不准安装在库内。

第六节 建设工程和施工工地防火

第八十条 铁路建设工程的消防设计、施工必须符合国家和铁路工程建设消防技术标准。建设单位应建立建设工程消防质量管理责任制度，明确铁路建设工程消防设计、施工质量责任。

第八十一条 建设单位在铁路建设项目初步设计初审时，应开展消防设计专项审查，并征求铁路局集团公司有关部门意见。

第八十二条 建设单位应依据现行消防法规、工程建设消防技术标准和初步设计批复意见，组织施工图设计和审核单位开展消防设计和施工图审核。铁路局集团公司应组织相关部门提前介入消防设计施工图审核工作。

第八十三条 需要进行消防设计的铁路建设工程，建设单位应依法向住房和城乡建设主管部门申请铁路建设工程消防设计审查、验收或办理备案，并接受检（抽）查。

第八十四条　对特殊建设工程，建设单位应将消防设计文件报送住房和城乡建设主管部门审查，未经审查或者审查不合格的，建设单位、施工单位不得施工；其他建设工程，建设单位应当提供满足施工需要的消防设计图纸及技术资料。

第八十五条　国家工程建设消防技术标准未明确规定，必须采用国际标准或者境外工程建设消防技术标准的；消防设计文件拟采用的新技术、新工艺、新材料不符合国家工程建设消防技术标准规定的，建设单位在申请消防设计审查时，应同时提交特殊消防设计技术资料。

第八十六条　消防设计施工图审核通过且特殊建设工程消防设计经消防设计审查验收主管部门审查合格后，建设单位应向国铁集团报送施工图审核报告，按照审核通过的施工图开展施工。

第八十七条　铁路建设工程实施过程中，消防工程发生变更设计的，建设单位应按规定履行变更设计手续，建设单位和参建单位不得擅自修改经消防设计审查验收主管部门审查合格的消防设计文件；确需修改的，建设单位应按规定重新申请消防设计审查。

第八十八条　建设单位应在项目开工前与参建单位签订消防安全协议，明确各自消防安全责任，履行消防安全职责。

第八十九条　铁路建设工程施工现场应严格执行《建设工程施工现场消防安全技术规范》等相关规定，建立施工现场消防安全管理组织机构，明确消防安全责任人，制定消防安全教育与培训、可燃及易燃易爆危险品管理、消防安全检查、应急预案演练和用火、用电、用气管理等消防安全管理制度，落实施工现场防火措施。

第九十条 施工现场的作业、办公、材料存放、住宿等区域应分开布设，防火间距、防火分隔、疏散通道、防火标识等应符合消防技术标准。

第九十一条 施工现场应设置满足规范要求的消防设施和器材。

第九十二条 建设单位应加强新建、改建、扩建铁路消防相关工程建设过程管理，按规定及时组织开展消防报验工作。铁路局集团公司应对新建、改建、扩建铁路消防相关工程开展提前介入检查，建设单位对提前介入发现的问题组织整改。

第九十三条 建设单位编制工程竣工验收报告前，应开展竣工验收消防查验，查验合格后方可编制工程竣工验收报告。

第九十四条 依法应当进行消防验收的铁路建设工程，未经消防验收或者消防验收不合格的，禁止投入使用；依法应当进行消防备案的铁路建设工程，未经备案或抽查不合格的，禁止投入使用。

第九十五条 铁路建设项目消防相关工程。应按有关规定开展运营安全（预）评估。

第七节 其他重点场所防火

第九十六条 铁路宾馆、公寓、文体场馆、单身宿舍等人员密集场所的耐火等级、防火分隔、安全疏散、防烟排烟、电气设备及消防设施，必须符合国家消防技术标准。严禁使用易燃可燃材料装修，严禁擅自改变建筑结构和用途。

第九十七条　铁路宾馆、公寓、文体场馆、单身宿舍等人员密集场所应明确消防安全管理人员，消防设施和消防器材应配置齐全、完好有效，疏散通道、安全出口、疏散指示标志、应急照明和消防车通道应符合相关消防技术标准和管理规定。

第九十八条　燃气的使用和储存场所应在合理位置设置可燃气体探测报警装置，建筑物内以及厨房、锅炉房等部位内的燃油、燃气管道及其法兰接头、阀门应定期检查、检测，烟道应定期清洁保养。

燃气用具的安装、使用及其管路的设计、敷设、维护保养、检测，必须符合相关消防技术标准和管理规定。

第九十九条　电动车应在指定安全地点停放、充电，禁止在建筑物首层门厅、共用走道、楼梯间、楼道等共用部位，以及疏散通道、安全出口、消防车通道及其两侧影响通行的区域、人员密集场所的室内区域停放或充电。具备条件的应设置安全充电装置、简易喷淋和自动报警装置。

第一百条　铁路油库应符合《建筑设计防火规范》《石油库设计规范》等相关规定，按规定配备灭火、降温、测温、防雷、防静电、防泄漏等安全设施，按有关规定定期进行安全评价、对防雷防静电等设施进行检测，保证安全设施完好有效。

第一百〇一条　长大隧道及隧道群设置的紧急救援站、紧急出口、避难所、横通道、疏散通道和标志标识、防护门、应急照明、防灾通风、消防水源等防灾疏散救援设施应符合《铁路隧道防灾疏散救援工程设计规范》《铁路工程设计防火规范》等相关规定。

各铁路局集团公司应建立健全长大隧道及隧道群防灾疏散救援设施维护管理制度，划定维护管理分界点，明确相关管理职责和维护标准，并组织落实，确保消防设施配置齐全、作用良好。

第一百〇二条 地处林区、草原的各单位应严格遵守林区、草原防灭火规定，加强防火宣传教育，严格野外用火管理。从事野外作业的机械设备应采取防火措施，作业人员应遵守防火安全操作规程，防止失火。任何人不得随意丢弃火种，进入林区、草原的机车车辆禁止在运行中清灰、抛焦，机车火星网、车辆闸瓦必须符合有关规定。

第一百〇三条 站场（区）内和线路两侧的枕木、可燃材料应及时清理，按规定堆放。站区和线路两侧的枯草、可燃垃圾应及时清除。

第四章 监督检查

第一百〇四条 国铁集团所属各单位应严格落实消防安全责任制，结合铁路运输和季节特点，有针对性地组织消防安全检查和开展消防安全专项整治活动，及时整改火灾隐患。

第一百〇五条 建设单位和工程监督机构应加强施工现场的消防安全检查，督促施工单位及时消除消防安全隐患。

第一百〇六条 各级防火安全委员会应建立健全典型火灾事故和消防安全突出问题通报机制、消防安全约谈机制及挂牌督办机制，及时提示预警消防安全风险，组织开展安全重大隐患治理。对消防安全主体责任不落实、存在重大隐患或因火灾火情造成不良社会影响的单位，及时实施约谈。

第一百〇七条　对在消防工作中有突出贡献的单位和个人，各单位可依据有关规定给予表彰和奖励。

第五章　应急管理和事故调查

第一百〇八条　国铁集团所属各单位应当制定灭火和应急疏散预案，建立应急响应和处置机制，为灭火救援工作提供保障。定期组织火灾应急演练，消防安全重点单位或按照消防安全重点单位进行管理的单位每半年不少于1次，其他单位每年不少于1次。

发生火灾的单位应立即按规定程序上报。各单位接到火灾报告后，应启动相应级别的灭火和应急疏散预案，及时组织有关人员赶赴现场。

第一百〇九条　车站应制定接入和扑救起火列车的应急预案。有关行车人员发现列车发生火灾时应立即向车站报告。车站接到报告后应立即启动火灾事故应急预案，同时向上级调度报告，并拨打119报警。

起火列车在区间停车时的扑救工作，在邻近车站站长和消防救援机构赶到前，旅客列车由列车长负责组织，货物列车由司机负责。

为扑救列车火灾，车站站长有权调用站区各单位的人员、车辆、灭火器材和工具。

第一百一十条　火灾事故统计、原因调查、火灾损失，按照国家有关法律法规执行。火灾发生单位应当保护火灾现场，积极协助、配合调查，如实提供与火灾有关的情况。

因火灾事故造成的铁路交通事故按火灾事故调查。

第一百一十一条 凡发生火灾事故，应本着事故原因未查清不放过、责任人员未处理不放过、整改措施未落实不放过、有关人员未受到教育不放过的原则，查明原因，认定责任，严肃处理。

第六章 附 则

第一百一十二条 国铁集团所属各单位应依据本办法制定实施细则。

第一百一十三条 国铁控股合资铁路公司履行规定程序后执行本办法。委托铁路局集团公司运输管理的合资铁路消防工作，应当在《铁路委托运输管理合同》及合同细则中，明确双方消防安全责任。与国家铁路办理直通运输的非控股合资铁路、地方铁路消防工作，比照本办法执行，纳入《过轨运输协议》。

第一百一十四条 本办法由国铁集团安全监督管理局负责解释。未尽事宜，按国家消防法律法规及相关标准执行。

第一百一十五条 本办法自2023年1月1日起施行。《关于印发铁路消防管理办法的通知》（铁公安〔2009〕95号）停止执行。